CATALOGUE

DE

MONNAIES

MÉDAILLES ET JETONS FRANÇAIS

EN OR, ARGENT ET BRONZE

Provenant de la Riche Collection de M. B......

DONT LA VENTE AUX ENCHÈRES PUBLIQUES AURA LIEU

A PARIS

LES JEUDI 26, VENDREDI 27 & SAMEDI 28 AVRIL 1860, A MIDI

HOTEL DES COMMISSAIRES-PRISEURS

Rue Drouot, n° 5

SALLE N° 6 BIS

Par le ministère de Me **DELBERGUE-CORMONT**, Commº-Priseur,
rue de Provence, 8,
Assisté de M. **ROLLIN**, Expert, rue Vivienne, 12,
Chez lequel se distribue ce Catalogue.

EXPOSITION PUBLIQUE

Le Mercredi 25 Avril 1860, de 1 heure à 5 heures.

PARIS

RENOU & MAULDE

IMPRIMEURS DE LA COMPAGNIE DES COMMISSAIRES-PRISEURS
Rue de Rivoli, 144.

1860

CONDITIONS DE LA VENTE

Elle sera faite au comptant.

Les Acquéreurs paieront cinq pour cent en sus des adjudications, applicables aux frais.

CATALOGUE

DE

MONNAIES

MÉDAILLES ET JETONS FRANÇAIS

EN OR, ARGENT ET BRONZE

Provenant de la Riche Collection de M. B.....

DONT LA VENTE AUX ENCHÈRES PUBLIQUES AURA LIEU

A PARIS

LES JEUDI 26, VENDREDI 27 & SAMEDI 28 AVRIL 1860, A MIDI

HOTEL DES COMMISSAIRES-PRISEURS

Rue Drouot, nº 5

SALLE Nº 6 BIS

Par le ministère de Mᵉ **DELBERGUE-CORMONT**, Commᵉ-Priseur,
rue de Provence, 8,

Assisté de M. **ROLLIN**, Expert, rue Vivienne, 12,

Chez lesquels se distribue ce Catalogue.

EXPOSITION PUBLIQUE

Le Mercredi 25 Avril 1860, de 1 heure à 5 heures.

PARIS

RENOU & MAULDE

IMPRIMEURS DE LA COMPAGNIE DES COMMISSAIRES-PRISEURS
Rue de Rivoli, 144.

—

1860

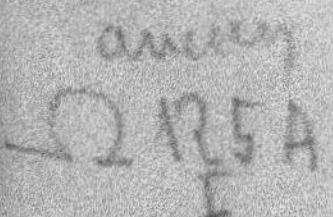

DÉSIGNATION
DES MÉDAILLES

Philippe le Long.

1. Agnel. Leblanc, page 234.

Philippe de Valois.

2. Ecu d'or. Ibid, page 242, n° 3.
3. Chaise Ibid, p. 242, n° 9.
4. Grande médaille en or, pesant six ducats et demi, de Philippe de Valois et de Blanche, sa femme. Duby, Récréations numismatiques, pl. 2, n° 5.

Jean II.

5. Mouton. Ibid, p. 255, n° 3.

Charles V.

6. Franc à pied. Ibid, pag. 282, n° 3.

Charles VI.

7. Écu à la couronne. Ibid, p. 288, n° 2.

Charles VII.

8. Royal d'or. Ibid, p. 300, n° 6.
9. Ecu d'or à la couronne.
10. Demi-écu à la couronne.

Louis XI.

11. Ecu d'or au soleil. Ibid, p. 306, n° 2.

Charles VIII.

12. Ecu d'or à la couronne. Ibid, p. 316, n° 1.
13. Médaille d'arg, ayant d'un côté le buste du roi, et de l'autre la Fidélité debout.

Louis XII.

14. Ecu d'or au porc-épic. Ibid, p. 218, n° 5.
15. Ecu d'or au soleil. R. Croix fleurdelisée.

16. Autre, variété dans le point secret.

17. Autre, à l'écusson supporté par un porc-épic.

18. Grande médaille en or, au buste de Louis XII, et au ℞ celui d'Anne de Bretagne.

    Cette médaille est décrite à la page 24, n° 6, du catalogue rédigé par M. Gaillard, et gravée à la pl. 4, n° 6, de la série française du Trésor de numismatique.

19. *Ludovicus Francorum rex.* Ecussons de France et de Bretagne. ℞. Ecusson de France entouré du collier de l'ordre de Saint-Michel. Joli jeton d'arg.

20. Grand médaillon en bronze, de Louis XII et d'Anne de Bretagne. Coulé à Lyon en 1499. Exempl. du baron Visconti.

François I.

21. Ecu d'or au soleil. ℞. Croix fleurdelisée.

22. Ecu d'or à la croisette. Lettre B. (Rouen).

23. Ecu aux E E couronnés, d'Éléonore d'Autriche, seconde femme de François Ier. Frappé à Rouen.

24. Demi-écu d'or au soleil. ℞. Croix flanquée de deux lis et de deux F.

25. *Franciscus. D. Gra. francor. rex* Buste à droite, la tête ceinte d'une couronne à pointes. ℞, *Non nobis,* etc. D. (Lyon). Teston.

26. Demi-teston, au type précédent.

27. Teston au chapeau couronné. Frappé à Paris.

28. Demi-teston au type précédent. Paris.

29. Jeton d'arg. aux armes de Jean de Ponchier, général des finances du *Francoys Pr. de ce nom.* ℞. La Salamandre.

Henri II.

30. *Henricus II D. G.,* etc. Buste barbu et cuirassé. ℞. *Duon totum compleat orbem.* Quatre H en croix, couronnés et cantonnés de deux croissants et de deux lis. 1551. C. (St-Lô) à fleur de coin or.

31. Demi-henri, même type et même année que le précédent. B. (Rouen).

32. Double henri aux quatre H couronnés. 1552. B. (Rouen).

33. Autre, même type que le précédent. Frappé à Saint-Lô. 1561, (Pièce posthume.) Très-belle.

34. *Henricus II. dei g, francor. rex.* Tête laurée, barbue à droite. ℞. *Chrs vincit*, etc. Ecusson couronné sous lequel se trouve la lettre A. (Paris). Sans date. Tranche lisse. Essai. Belle conservation. Teston arg.

35. *Henricus 2* (sic) *Dei*, etc. Buste à droite, barbu, couronné. ℞. *Yps vincit*, etc. Ecusson couronné, accosté de deux H couronnés. 1550. A. Teston.

36. *Henricus II Dei, G. francor. rex.* Tête laurée, barbue, à droite. ℞. *Chrs. vincit*, etc. 1553. Sous l'écusson couronné, A. Tranche lisse.

37. Variété, le buste coupe la légende. ℞. 1554, sous l'écusson H. (La Rochelle.)

38. Autre, au buste cuirassé, à droite. Frappé en 1555, à Besançon (L.).

39. *Henricus II, Dei G. francor. rex.* Buste lauré, cuirassé, à droite. ℞. *Chrst.* etc. 1558, lettre A. exempl. du chevalier Frank, de Vienne, nº 416.

40. *Henricus*, etc. Buste lauré, cuirassé à droite. ℞. Ecusson accosté de deux H. Bayonne (L.)

41. Variété, buste à droite. ℞. 1560. M. Pièce posthume frappée à Lyon. (D.).

42. Autre, portant la date de 1561. Frappé à Bayonne.

43. Grande médaille représentant Henri II debout. ℞. Quadrige. Exergue : *Ex voto pub.* 1552. Belle restitution.

44. *Henricus II Galliar. rex christianis p. p.* Buste lauré et cuirassé à droite. ℞. *Nomen ad astra.* 1552. Diane chasseresse. Jolie médaille en argent.

45. *Catharina. D. G. francor. regin.* Ecussons de France et des Médicis. Jeton d'arg.

46. Jetons du bureau. Trois fleurs-de-lis renfermées dans trois croissants. Exerg. 1558. ℞. *Aplanos.* Ecusson du connétable Anne de Montmorency. Arg. Très-beau.

François II.

47. *Francise. II. D. G. franc. et scot. rex.* Buste lauré et cuirassé, à gauche. ℞. Grand F. couronné accosté de deux cornes d'abondance. *Abundantia publica galliar.* 1560. Exergue : *Pax cum anglis.* Cet exemplaire provient de la vente Devonshire, faite à Londres en 1844. Arg.

Charles IX.

48. *Carolus VIIII. D. G. franco. rex.* Ecu au soleil. ℞. *Cristus* (sic), etc. 1565. Croix fleurdelysée. I. (Limoges.)

49. Variété au millésime en chiffres romains. M D LXV. (K.) Bordeaux.

50. Demi-écu, même type et même date que l'écu précédent. (B.)

51. *Carolus IX*, etc. Ecu au soleil. ℞. Croix fleurdelisée. (B.) 1566.

52. *Carolus VIII*, etc. M D LXVI. Ecu au soleil. Frappé à Toulouse. (M.).

53. *Carolus IX*, etc. Ecu au soleil. (G.) Poitiers.

54. *Carolus VIIII*, etc. Buste lauré, à gauche. Au-dessous T. (Sainte-Menehould). ℞. Ecusson accosté de deux C couronnés. M D LXIII. Teston.

55. *Carolus IX*, etc. Buste lauré et cuirassé, à droite. Au-dessous AR. (Compiègne). ℞. comme le précédent. Teston.

56. *Carolus VIIII*, etc. Buste lauré et cuirassé, à gauche. Au-dessous, I. (Limoges.) 1562. Teston.

57. Autre, de 1563, frappé à Poitiers. (G.)

58. Autre, frappé à Toulouse. M D LXXIII

59. Autre, de 1575. Toulouse.

60. Autre, frappé à Rouen, 1575.

61. Demi-teston, frappé à La Rochelle.

62. *Carolus IX. Galliarum rex christianiss.* 1565. Buste lauré, à droite, la cuirasse drapée portant le collier de Saint-Michel. ℞. *Katari regin. Henri II, uxor francis et Carol. regum mater.* Buste, à gauche, de Catherine de Médicis.

   Magnifique médaille en argent doré, frappée au balancier. Voy. le Décaméron, n° 61.

63. *Ysabel, p. l. g. d. Dieu royne douariere de France.* Ecussons de France et d'Autriche, accostés de deux branches de laurier. ℞. *Regnat devota deo mens.* Exerg. 1584. Joli jeton d'arg.

Henri III.

64. Ecu d'or, frappé à La Rochelle. 1578.
65. Variété de l'écu précédent. 1587. B.
66. *Henricus*, etc. Buste lauré, à droite. ℞. MDLXXV. (K.) Teston sans mention de la Pologne.
67. Variété, 1577. (L.)
68. Quart de franc. 1576. Pour la Bretagne. (G.)
69. Teston. 1577. (A.)
70. Variété. 1580 (B.)
71. Franc. de 1582. (M.).
72. Denier tournois en argent, 1586. Frappé pour essai à Poitiers.
73. Demi-franc, 1588. (G.) Très-beau.
74. Quart d'écu, de 1587, aux armes. (G.)
75. Demi-franc. 1591. (M.)
76. Double denier tournois, 3 p. Denier tournois, 2 p. Bonne conservation.
77. *Henricus III. D. G. francorum et Pol. rex.* Buste lauré, cuirassé et drapé, à droite. ℞. *Fœdere cum helvetiis,* etc. Exerg. MDLXXXII. Arg.
78. *Henricus III,* etc. ℞. *Lodoica regina franc.* Buste de la reine, à gauche. Méd. en arg., à bélière, de Henri III et de Louise de Vaudemont.
79. Médaille en argent au buste du roi, vêtu à la romaine. Frappée en 1629, à la mémoire d'Henri III, par les soins de Charles Benoise, ancien secrétaire de son cabinet.

François de Valois, DUC D'ALENÇON.

80. *Fran. f. d. fran. fre. uniq. d. roy.* Buste du prince, à droite. ℞. *Fovet et discutit.* Soleil sur la mer. Dans l'exergue, le millésime 1582 séparé par une main. Arg.

81. *François. D. france. duc. d. Bra.* 1582. Écussons couronnés de France et de Brabant. R̵. *Foret et discutit.* Soleil sur la mer. Arg. Ces deux jetons, frappés à Anvers, n'ont point été illustrés par Bizot ni par de Fontenay. Arg. Très-rares.

Charles X, CARDINAL DE BOURBON.

82. *Carolus. X. D. G. francor. rex.* 1590. Écu d'or. Frappé à Paris.

83. Autre, portant la date de 1593.

Henri IV.

84. Petite médaille en or, aux bustes, en regard, du roi et de sa seconde femme, Marie de Médicis.

85. Huitième d'écu, de 1590, pour le Béarn.

86. Quart d'écu, de 1594, pour le Béarn.

87. Demi-franc, de 159.. Frappé à Reims.

88. Demi-franc, au buste. 1601.

89. Demi-franc, au buste lauré. Frappé à Poitiers. 1603.

90. Franc, de 1603, frappé à Toulouse, avec le titre d'*Henricus III.*

91. Autre, de 1604. A.

92. Double denier tournois, de 1605. Frappé en arg. pour essai. A.

93. Denier tournois, de 1605. Frappé en argent pour essai. (G.) Poitiers.

94. Double tournois, 1603. A.

95. Denier tournois, 1603. A.

96. Autre, de 1607.

97. Piéfort du double tournois, 1607. Tranche cannelée.

98. *Henr. IIII. gal. et Nav. rex. christ.* Buste à droite, la tête couverte de la dépouille d'un lion. Sous le buste, le monogramme de Guillaume Dupré. R̵. *Gab. Des Trez.* (sic), *Duc. de. Beaufort.* 1597. Buste, à gauche, de la duchesse. Magnifique méd. en arg.

99. *Henricus. IIII. D. G. francor et navar rex.* Buste lauré à droite, la cuirasse drapée. Sous le buste : Con. Bloc. F. ℞. *Duo protegit unus.* 1598. Méd. fourrée en arg. doré.

100. *Henricus IIIIs D. G. franc. et navar. rex.* Buste lauré et cuirassé, à gauche. 1601. ℞. PG. *Maria de Medicis reg. franc.* 1601. Méd. en arg. avec bélière. Très-belle.

101. *Alcides hic novus orbi.* Buste du roi, à droite, couvert de la dépouille d'un lion. 1602. ℞. *Opportunius.* Hercule terrassant le Centaure. Bronze doré.

102. Grande médaille ovale, au buste casqué, et au ℞. *Martis cedunt hæc signa planetae.* Bronze.

103. *Henr. IIII. R christ. Maria Augusta.* Bustes accolés du roi et de la reine. G. Dupré. F. ℞. *Propago imperi.* Dans l'exergue, 1603. Arg. Voy. le Décaméron, p. 101, n° 67.

104. *Vultu quo cœlum.* Buste lauré et drapé, à gauche. ℞. *Tempestatesque serenat.* 1601. Un navire. Jeton en arg.

105. Petite médaille en cuivre, du module du double tournois. ℞. *Sua circuit orbe fama.*

106. *Maria Dei gra fran et navar regina.* Buste, à gauche, couronné et paré d'une collerette haute. ℞. *Seculi foelicitas.* 1610. Couronne royale posée sur trois branches, en pal. d'olivier, de palmier et de myrthe. Très-joli jeton d'argent.

Louis XIII.

107. *Ludovicus XIII.* etc. ℞. *Christus,* etc. Ecu d'or. Frappé à Rouen. 1612.

108. Autre, de 1615, au ℞. la croix fleurdelisée à la Charles VIII. Dans le centre, C. (Saint-Lo). Ecu d'or, frappé à Rouen. 1637.

109. *Lud. XIII,* etc. La tête royale laurée, à droite, 1640, sous le col nu. ℞. *Christus,* etc. Huit L majuscules deux à deux disposés en croix, terminés par quatre couronnes et cantonnés de quatre lis. Dans le carré formé par la base de huit L, se trouve la lettre A dans un cercle. Tranche lisse. Pièce de dix louis.

Cet exemplaire, à fleur de coin, remonte pour la possession, par les Tiolier et les Duvivier, à Roëttiers. Voy. le Décaméron, p. 89, n° 1.

110. Double louis, même type et même date que la pièce précédente. Très-beau.

111. Demi-louis, au type précédent. 1643.

112. Quart d'écu, au type d'Henri IV. 1611. K.

113. *Lovis XIII*, etc. ℞. Ecusson de France et de Navarre. *Gratia. Dei. sum. q. sum.* 1612.

114. Demi-franc, de 1615. Frappé à Caen.

115. Quart d'écu de Béarn. 1616.

116. Demi-tournois, de 1620. Frappé en argent. Essai.

117. Petite pièce, de 1625, du module du denier tournois, ayant d'un côté le buste du roi, et au ℞. celui de sa mère. Arg.

118. Ecu blanc. 1643. (D.) (Lyon.) Très-beau.

119. Demi-écu, de 1642. Paris.

120. Double tournois. 1618. A Tranche cannelée.

121. Double tournois. 1612, A. — 1620, G. — 1626, X. — 1631, H. — 1629. — Demi, de 1615, A.

122. Jeton d'argent, du sacre, en 1610. Tête nue du roi.

123. Médaille, de 1613, en arg. doré, au buste de Louis XIII.

124. *Ludo. XIII. et Anna. d. g. Fr. et Nav. rex et reg.* Bustes en regard, du roi et de sa mère. ℞. *Aeternae foedera pacis.* 1625. K. Deux couronnes royales, réunies par une couronne de myrte. Joli jeton d'argent.

125. *Ludovicus XIII. Dei gratia francorum et Navarrae rex.* Ecusson couronné, accosté de deux branches de laurier. Sous l'écusson, un L ayant le sceptre et la main de justice en sautoir. ℞. *Nutu moderantur eodem.* Exergue, 1616. Arg.

126. *Ludovicus*, etc. Ecusson de France et de Navarre. ℞. *Bello paceque semper Augustus.* Le roi à cheval. Exergue, 1623. Jeton d'argent.

127. *Ludovicus*, etc. Ecusson entouré des Ordres de Saint-Michel et du Saint-Esprit. ℞. Tête du roi dans deux branches de laurier. Jeton arg.

128. *Sociorum vindex.* Buste lauré du roi. ℞. *Mens et manus.* Buste du cardinal Richelieu. Jeton argent.

129. Médaille en cuivre, module du double tournois. ℞. *Formido Rapacis.*

130 Grande médaille d'argent, au buste drapé, de Louis XIII. Frappée à l'occasion de sa mort, arrivée le 14 mai 1634.

131. *Gasto. Henrici magni filius.* Buste à droite. ℞. *Ecce plus quam Salomon hic.* 1660. Médaille d'arg. à bélière.

132. Gaston de France, frère unique du roy. Ecusson de France au lambel, entouré du collier des ordres et surmonté de la couronne ducale fleurdelisée. ℞. *Secondae gloria lucis.* Dans le champ, le soleil. Exergue, 1631. Jeton d'arg.

133. *Anna Dei gra. franc. et navar. reg.* Ecusson. ℞. *Hinc splendor et ardor.* 1620. Miroir qui reçoit les rayons du soleil et les réfléchit. Jeton arg.

134. Autre, à l'avers, semblable au précédent. ℞. *Nihil amplius.* Cœur couronné. 1634, arg.

135. Autre, de 1658, aux armes entourées des cordelières de veuve. Arg.

136. *Anna. D. G.,* etc. Buste à droite. ℞. 1665. Autel. *Optata omnibus adesi.* Buste à gauche. ℞. 1666. L'arche de Noé. Arg.

Louis XIV.

137. *Lud. XIII. D. G. Fr. et Nav.* 1644. Tête laurée à droite. ℞. *Chrs.,* etc. Type des derniers louis du roi Louis XIII. Demi-louis frappé à Lyon. (D.)

138. Louis, au type précédent. Frappé à Nantes. (T.). 1656.

139. Louis au soleil. Frappé à Paris. 1668.

140. Demi-louis, au type précédent. 1679. A.

141. *Lud. XIII,* etc. Tête laurée, à droite. ℞. *Sit nomen,* etc. Ecusson couronné. 1690. (S.) Troyes. Louis.

142. Double louis, de 1692. (B.)

143. Double louis, de 1700. (A.)

144. Louis de 1704. (BB.)

145. Louis de 1709. (G.)

146. Louis de 1710. X. (Besançon.)

147. Double louis de 1712. Paris.

148. Louis de 1715. Nantes.

149. Médaille du sacre en or, coin *Waria*. C'est le type des lis d'essai, décrits par M. Combrouse, dans son catalogue des monnaies de France, règne de Louis XIV. 1654.

150. Pièces de 30 et 15 deniers, de 1644. Fabriquées par Briot.

151. Ecu blanc, de 1645. A.

152. Quart d'écu, pour le Béarn. 1649.

153. Ecu blanc, de 1651. A.

154. Demi-écu, de 1663. Rennes.

155. Ecu de 1666. Frappé à Aix.

156. Demi-écu de 1674. A.

157. Pièce de 4 sols, de 1676.

158. Ecu de 1576. A.

159. Ecu, de 1679 et 1680, pour la Bretagne. (G.)

160. Demi-écu, de 1681. D.

161. Ecu, aux deux L. adossés. (Lille.) 1686.

162. Pièce de 20 sols, de Flandre, à L couronné. 1688.

163. Ecu aux huit L. couronnés, cantonnés de quatre fleurs-de-lis. 1692 (X.) Amiens.

164. Demi-écu, surfrappé, portant les dates de 1691 et 1693.

165. Ecu de 1695, surfrappé à Bordeaux sur un écu de Berne.

166. Ecu surfrappé, à la tête vieillie. R̈. Huit L. couronnés. (S.) Troyes.

167. Ecu au sceptre. 1702. A.

168. Ecu de 1708, aux huit L. couronnés. (9.)

169. Demi-écu aux trois couronnes. 1718. P.

170. Ecu aux trois couronnes. 1711. (9.)

171. Ecu aux trois couronnes. 1714. A.

172. Autre, de 1715. (9.)

173. Ecu surfrappé, portant deux fois la ligne : Lud. XIIII.

174. Lille assiégée, en 1708. xx et x sols.

175. Tournay assiégée, en 1709. *M. de Surville.*

176. *Ludovicus. XIV. ℞. Christ. anna Austriaca. August.* Contre la légende, AC Dupré F. 1643. Bustes accollés, à droite, du roi et de la reine-mère. ℞. *Haec solem praevia ducit.* Arg.

177. *Ludovicus XIIII. D. G. fr. et nav. rex.* Buste enfantin, lauré et drapé, à gauche. Au-dessous : Warin, 1643. ℞. *Anna D. G. fr. et nav. reg.* Buste de la reine-mère. Apollon dans un quadrige. Arg.

178. *Lud. XIIII. D. G. fr. et nav. rex.* Buste enfantin, cuirassé et drapé, Warin. ℞. Buste de la reine-mère. Arg.

179. *Lud. XIIII*, etc. Buste enfantin couronné, avec le manteau royal, les colliers du Saint-Esprit et Saint-Michel. ℞. *Sacrat.*, etc. Reims.

180. *Lud.* etc. Buste lauré et drapé, à droite. ℞. *Nec pluribus impar.* Le soleil. 1663. Arg.

181. Grande médaille au buste, année 1663, pour l'alliance avec la Suisse. Arg.

182. *Lud. XIV*, etc. Le roi à cheval, tenant dans sa main droite le bâton de commandant. Exergue : *Jo. hameranus fecit. Romae.* ℞. *Quis contra nos.*

183. *Ludovicus XIIII*, etc. Tête à droite. ℞. *Ludovici Delphini et annae Mariæ bavarea connubium.* Têtes en regard. MDCLXXX. Arg.

184. Médaille de 1693, à la tête du roi, ayant au ℞. celles de son fils et de ses trois petits-fils.

185. Médaille frappée à l'occasion de la mort du roi, arrivée le 1er sept. 1715. Arg.

186. Petite médaille au buste de Louis XIV, et au ℞. celui de Frédéric III, margrave de Brandebourg.

187. *Lud. XIII*, etc. Buste à droite. ℞. *Cham. an den.* 1677. Arg.

188. *Lud. XIIII*, etc. Buste à droite. ℞. *Arguit authorem splendor.* Exergue, MDCLXXX. Arg.

189. *Ludovicus et Maria vivant.* Têtes accolées de roi et de reine. ℞. Une tour.

190. *Ludovicus Magnus rex*. Tête laurée, à droite. ℞. Neptune. Jeton arg.

191. *Tuetur et Ornat*. Statue équestre. ℞. La ville de Paris.

192. *Ludovicus Magnus rex*. ℞. *Occitania*.

193. Petite médaille en cuivre, au buste couronné, 1655.

194. *Mar. ther.*, etc. Buste de la reine, à droite. ℞. *In foedera veni*. Arc-en-ciel. 1661.

195. *Anna Maria Christ Delphina*. Buste à droite. ℞. *Novum decus.*, etc. MDCLXXXI. Arg.

Louis XV.

196. *Lud. D. G. fr. et Nav. rex*. 1716. Tête juvénile. ℞. *Chrs.*, etc. Ecusson royal, avec le sceptre et la main de justice en sautoir. A. Louis.

197. Double louis, dit de Noailles, 1717. Tête enfantine, à gauche, ornée de la couronne fermée. ℞. Ecussons de Fr. et de Nav. disposés en croix. A.

198. Demi-louis, même type que le numéro précédent.

199. *Lud. XV*, etc. Tête enfantine, laurée à droite. 1723. ℞. Deux L adossés couronnés. Louis.

200. *Lud. XV*, etc. 1723. Tête enfantine, laurée, à droite. ℞. Deux L cursifs, enlacés et couronnés, accostés de deux palmes. A. Double louis.

201. Demi-louis, année 1724, même type et même lettre que le numéro précédent.

202. *Lud.*, etc. Buste drapé à gauche. ℞. Ecussons écartelés, dit à lunettes, de France et Navarre. Demi-louis. BB. 1726.

203. Louis, année 1728, lettre A. Même type que le demi-louis précédent.

204. Ecu blanc, de 1740. A. Frappé sur or, virole lisse, à fleur de coin. ℞. Ecusson royal entouré d'une guirlande de laurier. Voy. le Décaméron, p, 94, nº 42.

    Cette magnifique pièce provient de la vente Bignon.

205. Demi-louis au bandeau. ℞. Ecusson écartelé, dit à lunettes, de Fr. et de Nav. 1741. Lettre A.

206. Double louis, au type précédent. 1742. Frappé pour essai. Exemplaire Thomas (n° 563), vendu à Londres en 1844.

207. Louis, au type précédent. 1763. Lettre H.

208. Louis, à la tête vieille. 1774. C.

209. *Lud. XV. rex christianissimus.* Buste à droite, en costume royal. ℞. *Rex cælesti oleo unctus.* Exergue : *Remis, 25 oct. 1722.* Musée monét., n° 35. Or.

210. Ecu de 1715. Buste poupard, à droite. ℞. Écusson sphérique. A. (Paris.)

211. Ecu de 1716. A.

212. Ecu de 1716. S. (Troyes.)

213. Autre, de 1716. (9.)

214. Demi-écu, de 1716 (W.), surfrappé sur un demi-écu aux trois couronnes.

215. Autre, demi-écu surfrappé.

216. *Lud. XV,* etc. ℞. *Moneta nova argentinensis.* 17-16. (BB.) 40 sols.

217. Ecu de 1718, surfrappé sur un écu aux trois couronnes.

218. Lud. XV, etc. Buste lauré. R. Ecusson carré, 1819. A.

219. Pièce de 20 sols, de 1719 (A.). — 10 sols. 1713. (Z.)

220. *Lud. XV,* etc. Sous le buste, 1720. ℞. Huit L adossés dans le centre. A. Louis d'arg.

221. Livre d'argent, aux deux L couronnés. 1720.

222. Ecu d'essai, de 1724, aux huit L.

223. Ecu de 1724, à l'écusson royal. X. (Amiens.)

224. *Lud. XV,* etc. Buste habillé, à gauche. ℞. Ecusson aux branches de laurier. 1726. A. Demi-écu.

225. Écus de 1729 et 1730, pour la Bretagne.

226. Pièces, de 24 sols. 1730. A. 12 et 6 sols, 1731.

227. Pièces de 12 et 6 sols, pour les Iles du Vent.

228. Demi-écu, au buste habillé, à gauche. 1731. E.

229. Ecu au type, précédent. 1734. A.

230. Autre, de 1737. D.

231. Ecu de 3 livres. 1740. BB.

232. Écu au bandeau. 1740. Essai.

233. Écu, au type précédent. 1781. A.

234 Deux pièces de 24, deux de 12 et une de 6.

234 bis. Écu à la vache, 1768

235. Autre de 1769. L.

236. Demi-écu de 1769. P.

237. Écu de 1771. A. Tête laurée.

238. Quatre pièces de six sols de 1779. (Posthumes.)

239. *Ludovicus. XV. D. G. Fr. et Nav. rex.* Tête enfantine, laurée à dr. ℞. *Philippus Aurelianensium. dux. regens.* Buste à dr. Cette médaille n'est point mentionnée dans le Musée monétaire.

240. Chambre de Justice. 1716.

241. Visite du roi à la Monnaie de Paris.

242. Sacre du roi, 1722.

243. Projet de mariage entre Louis XV et l'infante d'Espagne. Bustes en regard. 1721.

244. Mariage du roi, 1725.

245. *Lud. XV. Rex. christianiss.* ℞. *Restauratio officiorum.* Vue du port au vin. Jeton.

246. Méd. de 1734, en commémoration de la bataille de Parme.

247. *Respub. Genevensis Pacata*, 1738.

248. Mariage du Dauphin avec l'infante Marie-Thérèse d'Espagne, 1745.

249. Second mariage du Dauphin, 1747.

250. Autre d'un plus petit module.

251. *Lud. Delphini et Maria Jos.*, etc. Têtes en regard du Dauphin et de sa seconde femme. ℞. Les six corps des marchands présentez par le duc de Gesvres, gouverneur de Paris, ont complimenté monseigneur le Dauphin et madame la Dauphine sur leur mariage, 1747. Arg.

252. Méd. frappée à Soleure, par le marquis de Paulmy, pour la naissance du duc de Bourgogne. 13 sep. 1751.

253. Jeton d'argent frappé à Soleure en 1751, à l'occasion de la naissance du duc de Bourgogne.

254. *Lud.*, etc. Tête au bandeau à dr. ℞. *Ob natum ducem Aquit VI. ordinis mercat.* Paris, 1753. Arg.

255. *Ludovico. XV. patri patriæ.* ℞. *Nova spes. Domus Augustæ.* Têtes du Dauphin et de ses quatre fils. 1757. Naissance du comte d'Artois.

256. Louis XV et le comte de Condé. Restitution.

257. Mariage du Dauphin avec Marie-Antoinette. Arg. doré. 1770.

258. Jeton d'argent aux bustes en regard de Louis XV et sa femme, frappé à l'occasion de leur mariage. 1725.

259. Colonies françaises de l'Amérique, 1757.

260. *Lud.*, etc. ℞. *Securitas publica.*

261. Écuries du roi. *Lud. XV.*, etc.

262. Maison de la reine, 1729 et 1746. 2 jetons.

263. Maison de Mme la Dauphine, 1746. Jeton.

264. Maison de Mme la Dauphine, 1750 et 1751. 2 jetons.

Louis XV.

265. Sol de Louis XV, 1719, A. 2 p.

266. Demi-sol de 1720.

267. Sol de 1767. Autre de 1768. A.

268. Demi-sol et quart, 1768.

269. Sol et demi-sol, 1770.

Louis XVI.

270. Lud. XVI, etc. Buste habillé à g. ℞. Écusson carré. 1774. A. Louis.

271. Louis dit à lunettes. 1774. A.

272. Autre, année 1779. A.

273. Louis dit à la corne, 1786. BB.

274. Double louis, 1787. BB.

275. Louis dit constitutionnel, 1792. Essai; exemplaire Tiolier.

276. Louis au type précédent, 1793. A.

277. Méd. du sacre, 1775. Or.

278. Demi-écu, 1775. A.

279. Écu, année 1775. A. Essai.

280. Autre, 1780. B.

281. Demi-écu de 1783. H.

282. Écu à la vache, 1784.

283. Louis d'or de 1786, coin Duvivier, frappé en argent comme essai.

    Cette pièce fort rare provient de la collection de sir John Tursden, vendue à Londres en 1841, n° 496.

284. Écu, dit de Calonne, gravé par Droz. 1786.

285. Autre, servant de boîte.

286. Écu à la vache, 1788.

287. Louis d'or de Calonne, frappé en argent pour essai.

288. Écu à la vache, 1788.

289. Autre frappé à Bayonne, 1788.

290. Vingt-quatre et douze sols, 1788. H.

291. Écu, 1789. A.

292. Autre, 1789. H.

293. Écu de 1789. M.

294. Demi-écu, 1791. A.

295. Essai de la pièce de 15 sols. 1791

296. Quatre pièces de 15 sols.

297. Demi-écu au buste habillé, 1792. A.

298. Demi-écu au type constitutionnel, 1792. Essai.

299. Pièce de 30 sols, 1792. A. Frappé sur argent fin pour essai. Exempl. Tiolier.

300. 30 sols, 1792.

301. Écu de 1792. L.

302. Écu de 1792. A.

303. Écus de 1793. A et L.

304. Demi-écu, 1793. A.

305. 30 sols, 1793. W.

306. Louis de 1787. Arg.

307. Essai du sol, en cuivre rouge. B. Lisse.

308. Sol de 1777. W. — Demi de 1780.

309. Quart de sol de 1782.

310. Demi-sol, 1788. T.

311. Sol de 1789. A. — Quart de sol. 3 p.

312. Sol en cuivre jaune, 1791. **A.**

313 Autre de 17. A. Cuivre jaune.

314. 2 sols, l'an 3 de la liberté, 1791. Cuivre rouge.

315. 2 sols, l'an 4 de la liberté, 1792. A. Sur la tranche : Bon pour Bord., Marseil., Lyon, Rouen, Nant. et Strasb. Cuivre rouge.

316. 12 D. de 1791 et 3 D. de 1792. C. r.

317. 2 S., l'an 3 de la liberté, 1791. AA. C. j.

318. 12 D., 1791, 3 de la lib. AA. C. j.

319. 12 D., 1792. 4 de la lib. A. Méd. et jetons d'argent.

320. Jeton octogone pour le jeu du roi, gravé par Droz. 1774.

321. *Lud. XVI. rex. christianiss.* Tête nue à dr. Ŗ. Bâtiments du roi, 1744.

322. *Lud. XVI. rex. christianiss.* Buste à g. décoré de la Toison d'or. Ŗ. *Sacrum Æternae Concordiæ pignus.* Mariage du Dauphin, depuis Louis XVI. MDCCLXX.

323. *M. Anto. AA. Ludo. Franciæ delp. sponsa.* Buste de l'archiduchesse à dr. 1770.

324. Méd. gravée par Duvivier, ayant d'un côté la tête laurée de Louis XV et de l'autre le buste drapé de Louis XVI.

325. *Lud. XVI. rex. christianiss.* Buste à dr. en costume royal; au-dessous, L. Léonard. Ŗ. *Deo consecratori.* 1775. Jeton du sacre. Exemp. Maurin.

326. Méd. au buste du roi, pour la naissance de Madame (1778), depuis duch. d'Angoulême.

327. Méd. aux bustes accolés du roi et de la reine, pour la naissance du Dauphin, 1781.

328. Autre, aux deux bustes en regard, frappée à la même occasion. Gravée par Duvivier.

329. Autre semblable, mais plus petite, gravée par Gatteaux.

330. Méd. de 1783, au buste du roi, frappée pour la paix de Versailles.

331. Méd. de 1783, au buste drapé, pour les trois canaux du Charollais, de la Franche-Comté et de la Bourgogne. De Fontenay, p. 34.

332. Méd. de 1788, au buste habillé du roi. Hommage de la province du Languedoc à l'archevêque de Narbonne, Arthur de Dillon.

333. *Louis XVI, roi des Français, père d'un peuple libre.* Tête à gauche ceinte d'une couronne de chêne. *Assemblée des électeurs de Paris.* 1789. Hennin, pl. 5, n° 41.

334. Méd. au buste du roi, la tête coiffée d'un chapeau empanaché, frappée à Amsterdam en 1789, à l'occasion de la rentrée de Necker au ministère. Id., pl. 6, n° 45.

335. Confédération des Français. Id., pl. 17, n° 140.

336. Confédération des Français. Id., pl. 17, n° 143.

337. Arrivée du roi à Paris, le 6 octobre 1789. Id., pl. 8, n° 59.

338. Écu constitutionnel, 1793, au revers duquel on a gravé les dates des principaux événements de la vie du roi.

339. *Æternæ memoriæ Ludovici XVI. Franc. reg. Pii. Opt. princ.* Tête du roi à dr. Id., pl. 45, n° 167. Méd. frappée à Vienne.

340. *Lud. XVI. rex. Lud. XVII. rex. Maria Anto. reg. Gall.* Bustes accolés à dr. de Louis XVI, de Marie-Antoinette et de Louis XVII. Méd. frappée à Dresde. Id., pl. 68, n° 687.

341. *Maria-Antonia Austriaca.* Buste de la reine à g. Méd. frappée à Vienne. Id., pl. 52, n° 534.

342. Louis, second fils de Louis XVI, etc. Buste à g. R. Redevenu libre le 8 juin 1795. Gravée par Loos et frappée à Berlin. Ib., pl. 66, n° 664.

343. Élisabeth de France, sœur de Louis XVI. Méd. gravée par Loos et frappée à Berlin. Id., pl. 61, n° 621.

République française.

344. Pièce de 24 livres, 1793. Essai; exemp. Tiolier.

345. Pièce de six livres de la République française, 1793. Deux écus.

346. Pièce de 5 francs de l'an 5. Essai.

347. Autre de l'an 11.

348. Un escalin. Saint-Domingue.

349. 5 décimes, l'an 2. R̥. Régénération française, 10 août 1793.

350. *République française*, 1793. Dans une couronne de chêne. Pièce d'essai. R̥. *Règne de la Loi.* C. j.

351. *Liberté, égalité.* 2 s. 1793. BB. C. r.

352. 1 sol, 1793. AA. C. r.

353. 1 sol, 1793. A. C. j.

354. 2 décimes et décime, de l'an 4. A. C. r.

355. Un décime, l'an 5. A. C. j., tranche lisse.

356. Un décime, l'an 5. B. Autre. BB. C. r.

357. 5 centimes, l'an 4. A. C. r.

358. 5 centimes, l'an 7. A. C. r.

359. Autre, semblable au n° précéd. C. r.

360. Un décime, l'an 5. A.

361. Sol pour les colonies françaises, 1767, surfrappé des lettres R. F.

MÉDAILLES.

362. *A la mémoire du glorieux combat du peuple français contre la tyrannie*, etc. R̥. *Exemple aux peuples. Le X aoust* MDCCXCII. Hennin, n° 364.

363. *Liberté française.* Tête de la Liberté à g., les cheveux épars, ayant sur l'épaule la pique surmontée du bonnet. R̥. *A la Convention nationale, par les artistes réunis de Lyon.* Pur métal de cloche, frappé en MDCCXCII. Id., n° 387. Exemp. en arg. provenant de la vente Thomas, n° 2340. Très-rare.

364. *République une et indivisible.* La Liberté assise. R̥. *Constitution républicaine*, etc. Exerg.. *le 10 aoust 1793.* Id., n° 526.

365. *Il se donne la mort pour épargner un crime.* Buste à g.; au-dessous, *A.-G. Letellier.* R̥. *Que cette médaille*, etc. Id., 671. Plomb.

366. Conseil des Cinq-Cents. R̥. Représentant du peuple. Méd. portant le nom de *P.-A Laloy.* Id., n° 681.

367. Autre portant le nom d'*Armand Gaston Camus*.

368. Autre, *Jean-Lambert Tallien*.

369. *République française*. Les tables de la Loi sur lesquelles on lit : *Constitution de l'an trois*. R. Dans une couronne de chêne, *Tribunal de cassation*. Sur la tranche, *G.-J. Boileux. Au 1er prairial an 6*. Méd. dorée. Id., n° 890.

370. *République française*. Les tables de la Loi. R. *Département de la Seine. Tribunaux civil et criminel*. Deux branches d'olivier et de chêne. *Guyot Sainte-Hélène, juge*. Hennin dit n'avoir jamais vu cette médaille qu'il a publiée (n° 691) d'après Millin. Rare.

371. Institut national des sciences et des arts. R. *F.-A. Boissy d'Anglas*.

372. Méd. semblable à la précéd. R. *A. Thoin*.

373. Autre, au nom de *A.-G. Camus*.

374. *Bataille de Millesimo, Combat de Dego*. R. *Le peuple français à l'armée d'Italie*. Sur la tranche, *Bonaparte, général en chef*. Hennin, n° 732. Méd. frappée à Milan.

375. Autre, semblable à la précéd. Tranche lisse.

376. Passage du Pô, de l'Adda et du Mincio. Id., n° 736. Frappée à Milan.

377. Bataille de Castiglione. Combat de Peschiera. Id., n° 742. Frappée à Milan.

378. Reddition de Mantoue. Id., n° 783. Frappée à Milan.

379. Passage du Tagliamento. Prise de Trieste. Id., n° 786. Frappée à Milan.

380. Conseil des Anciens. H. Muraire. Id., n° 789.

381. Conseil des Cinq-Cents. J.-L. Tallien. Id., n° 790.

382. Conseil des Cinq-Cents. P.-A. Laloi.

383. Autre, A.-G. Camus.

384. Conseil des Cinq-Cents. L'an 6. Id., n° 846.

385. Conquête de la haute Égypte. Id., n° 896.

386. Commission du Conseil des Anciens. Méd. pentagone. Ib., n° 926.

387. République française. La Justice appuyée sur les tables de la Loi. ℞. Tribunal de première instance du département de la Seine. E.-A. Marguoré, greffier.

388. Tribunat, an 8.

389. Tribunal d'appel séant à Paris. Exerg., Parmentier.

390. République française. ℞. Conseil d'État. Méd. ovale.

391. Paix et amitié entre la France et la Russie. 1801.

392. Il sera élevé dans chaque département, etc. ℞. Aux braves du dép. du Rhône. 25 mess. an 8.

Bonaparte, général.

393. Buonaparte, général en chef de la brave armée d'Italie (sic). Buste à g. ℞. Voilà, etc. Id., n° 766. Frappée à Genève.

394. Italiens. ℞. Alexand. Buonaparte. Id., n° 813. Frappée à Strasbourg.

395. Napilone Buonaparte, general of the french army in Egypt. Id., n° 847. Méd. frappée en Angleterre.

396. Le général Buonaparte. ℞. A son nom, Rome tremble encore, etc. Id., n° 762.

397. Le général Buonaparte. ℞ Digne ami de Barras. Id., n° 798.

398. Arrivée à Fréjus.

Bonaparte, premier consul.

399. Essai de la pièce de 20 francs. An 11. Exemp. Tiolier.

400. Pièce de cinq francs du Concours de l'an XI, gravée par H. Auguste. ℞. Victoire palmifère. Exemp. Tiolier.

401. Pièces aux mêmes types que la précédente, mais d'un plus petit modèle, gr. par Auguste, an XII. Essai pour la pièce d'or de quarante francs.

402. Cinq francs. An XI, an XII. Trois pièces.

403. Franc, demi-franc, quart de franc. Six pièces dont un franc frappé à Genève.

404. Le premier Consul visite l'hôtel des Monnaies, le 30 ventôse an XII. Restitution sur or.

405. Armé pour la paix. Tête casquée. R. A Bonaparte. Or.

406. Bonaparte premier Consul, etc. R. Première pierre de la colonne nation. 14 juillet 1800.

407. Visite à la Monnaie. An XI.

408. Expédition des découvertes. An IX.

409. Bonaparte réédificateur de Lyon.

410. Bonaparte, etc. R. Dessin d'après la bosse, 2e prix. An XII. Sur la tranche : Maison de Mme Campan.

411. Bonaparte, etc. R. Paix de Lunéville, 20 pluviôse an IX.

412. Bonaparte prim. cons. reip. gall. Buste habillé, la tête ceinte d'une couronne de chêne. *Magnus animo major imperio suo.* R. *Virtus Gallorum triumphat.* Une massue, *Pax Lunavill. inter gall. et German. 9 fév.* 1081. Fr. en Allemagne.

413. Bonaparte pr. consul de la rép. fran. Tête à gauche. R. Le retour d'Astrée. Sur la tranche : Paix générale à Amiens, an X, MDCCCII. Gravée par Droz.

414. Autre en cuivre doré.

415. Méd. des trois consuls. R. Paix intérieure, paix extérieure.

416. Bataille de Marengo. R. Passage du grand Saint-Bernard.

417. Bonaparte 1er consul. R. Charles-François Lebrun 3e consul, etc.

418. Napoleoni Bonaparte, etc. Pont sur la Durance.

419. A la fortune conservatrice, gr. par Brenet.

420. Prix national, 1803, gr. par Jeuffroy.

421. Napoléon Bonaparte primus. cons. reip. gall. Tête laurée à gauche. R. *Subalpinis imperio gallorum sociatis,* gr. par Lavy et frappée à Turin.

422. Bonaparte primus consul. Anno VIII. R. Respublica cisalpina restituta. fr. à Milan.

Napoléon, Empereur.

423. Essai de la pièce de vingt francs, an XII. Exemplaire Tiolier.

124. Essai de la pièce de quarante francs de l'an XII. Exemplaire Tiolier.

125. Essai de la pièce de quarante francs, 1809. Exemplaire Tiolier.

126. Pièce de vingt francs, 1814. W.

127. Essai de la pièce de vingt francs, 1815. Exemplaire Tiolier.

128. Essai de la pièce de cinq francs, an XII, tranche lisse.

129. Cinq francs, an XII, XIII et XIV. Trois pièces.

130. Cinq francs de 1007, tête inlaurée. B.

131. Essai de la pièce de cinq francs de 1807, tête laurée.

132. Pièce épaisse de 1807, à la tête de face de Napoléon, ayant au R̂. un aigle couronné, frappée en argent comme type d'une pièce projetée de cent francs en or.

133. Pièce d'essai frappée en virole pleine par le procédé de Salneuve.

134. Deux francs de 1813. A.

135. Cinq francs de 1815. A.

136. Pièce projetée de cinq francs, de 1815, par Droz, à la tête laurée de Napoléon, frappée depuis en Angleterre.

137. Pièces d'essai, par Tiolier, module de celles de deux francs, à la tête laurée de Napoléon et au R̂. lisse.

138. Franc, an XII et 1812. Trois pièces.

139. Demi-franc, 1808, 1809, 1810, 1812 et 1813. Sept pièces.

140. Essai de la pièce de deux francs, 1815.

141. Quart de franc aux trois types de Napoléon. Sept pièces.

142. Pièce de dix livres, 1810. *Iles de France et Bonaparte.* — 442 bis. Anvers 1814. — Cinq centimes, pièce à fleur de coin.

143. Méd. du sacre, petit module. Or.

144. Joséphine, impératrice et reine. Buste à gauche, légende en grec. Or.

445. Bustes accollés à droite de Napoléon et de Marie-Louise. Galle F. ₿. *Napoléon empereur et roi, Marie-Louise d'Autriche.* J. P. Droz, F., très-rare. Or.

446. Méd. du mariage, petit module. Or.

447. Quatre lentilles de Napoléon, Marie-Louise et du roi de Rome. Or.

448. *Eugen herzog von Leuchtenberg und fürst von eichstaett.* Buste drapé à gauche. ₿. *Für Wissenschaft, und Kunst.* Or.

449. *Auspice Neopoleone Gallia renovata.* Étoile de la Légion d'honneur. Andrieu F.

450. *Napoléon Joséphine.* — Bustes accollés à droite. ₿. *Fêtes du couronnement données à l'Hôtel-de-Ville, an XIII.*

451. Méd. du sacre. ₿. *Le sénat et le peuple.* Grand et moyen module. Deux pièces.

452. Autre plus petite, gravée par Droz.

453. *Napoléon Bonaparte le très-glorieux et très-auguste empereur,* etc., dans une couronne formée de deux branches de laurier. ₿. L'empereur élevé sur un bouclier par quatre guerriers. Exer. *Au nom du plus grand des héros frémit l'hydre britannique.*

454. *Neapolio imperator.* Tête laurée à gauche. ₿. *Tutela Praesens.*

455. A *Napoléon Bonaparte, l'empereur et le héros des Français.* ₿. *Le mont Genèvre ouvert,* etc. Gravée par H. Auguste.

456. A *Napoléon, empereur des Français, l'armée de Hanovre, 1804.* ₿. *Des mines et usines du harz protégées pendant la guerre.*

457. *Pannonia subacta.* R. *De Germanis.* Députation des maires de Paris.

458. *Napoleo imperator et rex.* An II MDCCCV. Tête laurée à droite. ₿. *Pontem Rhodani feliciore situ.*

459. *Napoléon, empereur et roi*. Tête laurée à droite. ℞. *Bataille d'Austerlitz*. Jaley. F.

460. Entrevue de l'empereur Napoléon et de l'empereur François II, à Urchitz, le 3 décembre MDCCCV.

461. L'Arc de Triomphe du Carrousel. Gravée par Droz.

462. *Bataille de Jéna*. Napoléon représenté comme Jupiter, assis sur un aigle.

463. *Neopolio imperator, rex*. Tête laurée. ℞. *Exercitu ad Jenam deleto*.

464. Mariage de la princesse Stéphanie Napoléon avec le prince Charles de Bade.

465. *S. A. E. Charles, prince de Bade, visite la Monnaie de Paris*, 5 avril 1806. Sur la tranche : *Balancier à virole adopté en 1803*.

466. *Maximil Jos, roi de Bavière*. Buste à droite. ℞. S. A. R. Louis-Charles Auguste, prince de Bavière, visite la Monnaie de Paris, 3 mars 1806.

466 bis. *Souverainetés données*. MDCCCVI.

467. Bataille de Friedland, 14 juin MDCCCVII.

468. Distribution générale des prix, 21 août 1807. A. M. Arnault de l'Institut.

469. *Paix de Tilsitt*. Têtes superposées de Napoléon, d'Alexandre Ier et F. Guillaume III, gravées par Droz.

470. Visite du roi de Wurtemberg à la Monnaie de Paris, 1809.

471. *Napoléon Ier gallorum imp. ital. rex. et M. Ludovica archi. austriae*. Bustes en regard. ℞. L'Hyménée pose une couronne de roses sur l'écusson d'Autriche suspendu à une colonne sur la base de laquelle on lit : XI *martii* MDCCCX (jour des fiançailles). Fr. à Vienne.

472. *Napoléon gall. imp. italiæ. rex. M. Ludovica franc. aust. imp. fil. H. A.* Bustes en regard. *Harnisch* F. ℞. *Felicibus naptiis*. La ville de Vienne, assise, gravant sur un écusson soutenu par un amour les mots : *Vota publica*. Frappée à Vienne.

473. Bustes en regard de Napoléon et de Marie-Louise. ℞. *Felix gentibus austriæ et galliæ*, etc. J. Schmidt F. Frappée à Vienne.

474. Baptême du roi de Rome, MDCCCXI.

475. bis. Autre en bronze. ℞. A l'empereur les bonnes villes de l'empire. Elévation de la statue de Desaix à la place des Victoires.

476. Commission des remèdes secrets.

477. Naissance du roi de Rome.

478. Bataille de Lutzen, 11 mai 1813.

479. L'impératrice Marie-Louise a honoré de sa présence la m. des médailles. MDCCCXIII.

480. *Napoleoni magno fideli Bertrand.* ℞. *Dieu protége la France.* 1ᵉʳ *mars* 1815.

481. *A Napoléon le cxi rég. Golfe Juan.* MDCCCXV, gravé par Droz.

482. La statue de Napoléon renversée par les rois, etc.

483. *Tribunal de première instance. Départ. de la Seine.* Ecusson impérial. Méd. à Bélière.

484. Corps législatif, session de l'an 1811.

485. Chambre des représentans, session de l'an 1815.

486. Méd. de Napoléon II, gravée par Henrionnet.

487. S. M. la reine Hortense visite la Monnaie des médailles, gravée par Andrieux.

488. Deux autres méd. de la reine Hortense, légendes en grec.

489. Deux petites méd., une de l'emp. Nap. et l'autre de l'impér. Joséphine, légendes en grec.

Louis XVIII.

490. Essai de la pièce de vingt francs de 1814. Exemp. Tiolier.

491. Pièce de vingt francs de 1815, ayant pour différent la lettre R et une fleur-de-lys.

492. Pièce de cinq francs, coin Michaut, frappée en or pour essai.

493. Pièce de vingt francs d'essai, à la date non achevée
  de 181....

494. Petit méd. au buste en relief du roi Louis XVIII,
  ayant au Ŗ. deux LL entrelacés, surmontés d'une couronne royale. Or.

495. Pièce de cinq francs au buste habillé de 1814. Essai.

496. Autre pièce de cinq francs de 1814, frappée sur un
  flan bruni.

497. Pièce de quarante francs de 1816, frappée sur argent
  comme essai.

498. Deux francs, année 1816 et 1822, 2 ps.

499. Franc, année 1816.

500. Demi et quart de franc.

501. Essai sur cuivre d'une pièce de quarante francs, gravée
  par Gatteaux. 1815.

502. Essai sur cuivre de la pièce de deux francs.

503. Essai de dix centimes. 1821. Tiolier.

504. Essai de cinq centimes, par A. N. Tiolier.

505. Un décime de 1814. BB.

506. Essais en cuivre de la pièce de cinq francs, années 1814
  et 1815, par Andrieux, Brunet, Droz (quatre pièces),
  Gatteaux, Eurthaux, Jacques, Michaut et anonyme,
  ayant une tête pour signe monétaire. 12 pièces.

507. Jeton octogone de 1773, aux armes de Louis-Stanislas
  Xavier, fils de France, comte de Provence, comme
  grand maître de l'ordre de Saint-Lazare.

508. Monsieur frère du roi. Buste habillé à gauche. Ŗ. Maison de monsieur. Écusson du comte de Provence posé
  sur la croix de Saint-Lazare. Jeton.

509. *Louis XVIII, roi de France et de Navarre.* Tête à
  droite. Ŗ. *Il porte la paix du monde.* 1814.

510. *Fidélité, Dévouement.* Tête du roi à droite. Ŗ. La déco-
  ration du lys.

511. Pièce de type à l'avers et du module de celle de cinq
  francs, frappée en 1814 pour la visite du comte d'Artois à la Monnaie de Marseille.

512. Type précédent pour la visite du duc de Berry à la Monnaie de Lille en 1814.

513. *Louis XVIII, roi de France.* Buste du roi en habit royal, la couronne posée sur la tête. ₧. *S. A. R. Madame, duchesse d'Angoulème, visite la Monnaie de Paris, le 25 avril 1817.* Module de la pièce de cinq francs. Exemp. Tiolier.

514. Même type que la méd. précéd., mais du module de la pièce de deux francs. ₧. *LL. AA. RR. le duc et la duchesse de Berry visitent la Monnaie de Paris, le 13 novembre 1817.* Exemp. Tiolier.

515. Rétablissement de la statue d'Henri IV sur le Pont-Neuf en 1817.

516. *Louis XVIII restored. ap. 24 1814.* Tête à gauche. ₧. *Piddings office.* Mod. du fr.

517. Chambre des députés, session de 1815.

518. Sept petites méd. types différens.

Souverains alliés (1814).

520. *Gallia reddita europæ. Aprile 1814.* Écusson rond aux trois fleurs de lys. ₧. *Au pacificateur de l'Europe, A. I.* Mod. de la pièce de cinq francs.

521. Types précéd. Mod. de la pièce de deux francs.

522. *Frédéric Guillaume III, roi de Pruse.* Dans le champ : *Ange de paix.* Mod. de la pièce de cinq francs.

523. Types précéd. Mod. de la pièce de deux francs.

524. *François I*", *empereur d'Autriche.* Dans le champ : *Ange de paix.* Mod. de la pièce de cinq francs.

525. Frédéric Guillaume III, roi de Prusse visite la Monnaie des médailles. MDCCCXIV. Buste.

Charles X.

526. Pièce de quarante francs de 1827, frappée sur or jaune. A.

527. Essai d'une pièce de dix francs.

528. Pièce de cinq francs de 1830, à la légende sur la tranche en relief, frappée sur or pour essai.

529. *Carolus X rex franciæ*. Tête à gauche. ℞. *Coronam favente deo suscipit*. Méd. en or du sacre, gravée par Gaymard.

530. Essai de la pièce de cinq francs de 1824.

531. Charles X, roi de France. Dans le champ trois fleurs de lys. ℞. Présentée à l'administration générale des Monnaies par Moreau, monnayeur. Frappé sur un flanc de la pièce de cinq francs. Essai.

533. Deux francs de 1829, franc de 1825, autre de 1827.

534. Dix centimes. Essai par Tiolier.

535. Colonies françaises, dix centimes de 1825 et 1829.

536. Concours de 1824 pour les pièces de cinq et un franc. 34 p. en métal fusible.

537. Charles Philippe comte d'Artois. Buste à droite. ℞. Maison de Monsieur le comte d'Artois. Ecusson.

538. Charles Philippe de France, monsieur frère du roi, colonel général des gardes nationales, visite la Monnaie de Paris, le 11 juin 1818. Exemp. Tiolier.

539. Charles X, roi de France, le 16 septembre 1824. Tête à gauche. ℞. Charles le bien aimé.

540. Carolus X rex christianissimus. Buste du roi la tête couronnée. ℞. Rex Carolus cœlesti oleo unctus.

541. Carolus X rex christianissimes. Buste du roi en manteau royal, la tête nue. ℞. Carolus X, Galliæ coronam accipiens. Exemp. du duc de Maillé. Mod. du sacre, petit mod.

542. Charles X, roi de France. Tête à gauche. — ℞. LL. AA. RR. le prince de Salerne, Madame duchesse de Berry, visitent la Monnaie de Paris, le 22 juillet 1825. Mod de la p. de cinq francs.

543. Sa Majesté Charles X visite la Monnaie de Lille le 8 septembre 1825. Mod. de la p. de cinq francs.

544. LL. MM. le roi et la reine des Deux-Siciles visitent la Monnaie de Paris, le 11 Juin 1830. ℞. François Iᵉʳ, Marie Isabelle. Ecussons de Naples et d'Espagne.

545. Honneur aux fidèles mandataires. Vote des 221.

546. Prise d'Alger. Petit mod.

Duc d'Angoulême.

547. Entrée de S. A. R. M. le duc d'Angoulême à Bordeaux, 12 mars 1814. Armes de la ville. Le comte de Lynch, maire.

548. Louis-Antoine, duc d'Angoulême. Buste à gauche. R. Je le demande, j'exige même, etc. Pont Saint-Esprit, 10 avril 1815.

549. S. A. R. M. le duc d'Angoulême, grand amiral de France, visite la Monnaie de La Rochelle, le 6 novembre 1817. Exemp. Tiolier.

550. Bonheur des Vendômois. Mars 1815.

551. Trois petites méd. du duc et de la duchesse d'Angoulême.

Duc de Berry.

552. Petite méd. en or, frappée en commémoration de la mort du duc.

553. Ch.-Ferdinand, duc de Berry. Buste à gauche. R. Soldats! ne tirez pas, nous sommes tous Français. Béthune, 24 mars 1815.

554. Ch. Ferdinand, etc. Buste à gauche. R. Caroline-Ferdinande, duchesse de Berry. Buste de la princesse à gauche

555. Cinq petites méd. du duc et de la duchesse.

Duc de Bordeaux.

556. S. A. R. Monseigneur le duc de Bordeaux visite la Monnaie de Paris, le 24 décembre 1828.

557. Franc de 1832, frappé en or.

558. Cinq francs 1831.

559. Cinq francs de 1832, avec omission des initiales du graveur.

560. Franc de 1831.

561. Franc de 1832, frappé en Préfort.

562. Demi-franc. 2 pièces.

563. Henri-Dieudonné. Tête enfantine à gauche. ℞. Dieu et le roi. Petite méd.

564. Petite méd. à la tête du jeune prince et au ℞. celle de Mademoiselle d'Artois.

565. Petite méd. du duc de Bordeaux, frappée en 1828. ℞. Tête de la duchesse de Berry.

566. Tout pour et par la France. Petite méd.

567. Henri de France. Il nous sera rendu. Tête dans un médaillon supporté par deux enfants. ℞. Nous avons la foi et l'espérance. Croix.

568. Henri de France. Tête à droite au-dessous : Gayrard F. Prague 1842. ℞. Couronne de lys.

569. Marie-Thérèse Béatrix, comtesse de Chambord. Tête diadémée à gauche. ℞. Semblable à la méd. précéd.

570. Tête du comte de Chambord. ℞. Un lévrier. Dieu protége la France. Têtes superposées du comte et de la comtesse de Chambord.

571. Petite médaille frappée en 1852.

572. Henri V, roi de France. Type et module de la pièce de cinq francs. ℞. 2 août 1830. Le sceptre et la main de de justice en sautoir : au-dessus la couronne royale. Bronze.

573. Henricus V Deo datus. Tête à gauche. ℞. Écusson couronné. 1831. Bronze.

574. Henri, etc. ℞. Visite à l'Angleterre. 1843. Bronze et petite méd. en cuivre.

Louis-Philippe.

575. Pièce de vingt francs de 1830.

576. Essai de la pièce de vingt francs de 1832, à la tête ceinte d'une couronne de chêne.

577. Pièce de dix francs. Essai.

578. Pièce de vingt francs de 1848.

579. Pièce de cinq centimes de 1839, pour les Colonies, à la tête de Louis-Philippe, frappée sur une pièce de quarante francs de 1812, à l'empereur Napoléon.

580. Pièce d'essai de cinq francs, ayant au ℞. les tables de
la loi entourées de drapeaux.

581. Cinq francs de 1830 au « Louis-Philippe », sans chiffre
d'ordre.

582. Cinq francs de 1830 au « Louis-Philippe Ier ».

583. Cinq francs de 1831, la tête ceinte d'une couronne de
chêne.

584. Cinq francs. Années 1832, 1835 et 1839.

585. Deux francs. Années 1839 et 1848.

586. Franc 1831 et 1848.

587. Essais sur cuivre des pièces de vingt, cinq et un franc,
par Tiolier. ℞. Lisse.

588. Guyanne française 1846. Dix centimes.

589. Essai par Domard des pièces d'un décime et cinq
centimes.

590. Essai de monnoyage. Londres 1839. Tiolier et Barre.

591. Concours de 1831 pour les pièces de cent francs et
cinq francs. Deux pièces de cuivre rouge et vingt-deux
sur métal fusible.

592. S. M. Louis-Philippe visite la Monnaie de Rouen, le 18
mai 1831.

593. Lud. Phil. Francor. rex. Tête du roi. ℞. Le roi Léopold
prenant la main de la princesse Louise.

594. Grande méd. de 1833, ayant les têtes en regard du
roi et de la reine, et au ℞. celles des princes et prin-
cesses de la famille royale, gravée par Barre.

595. Méd. de 1842, du plus grand module connu, à la tête
de Louis-Philippe, frappée lors de l'adoption de la loi
des chemins de fer.

596. Louis-Philippe, etc. ℞. L'armée au duc d'Orléans,
prince royal. Statue équestre. 1842.

598. Elu par le vœu des Français. — La Charte sera désor-
mais une vérité. — A notre bonne reine la meilleure
des mères. Trois petites méd. frappées en 1830.

Duc d'Orléans.

599. Ferdinand, duc d'Orléans, prince royal, marié le 30 mai 1837, à Hélène, princesse de Mecklenbourg Schwerin. Têtes superposées du duc et de la duchesse.

600. Fêtes données par la Ville de Paris, juin 1837, pour le mariage du duc d'Orléans.

601. LL. AA. RR. le duc et la duchesse d'Orléans visitent l'hôtel des Monnaies et Médailles, 30 novembre 1837.

602. Chapelle Saint-Ferdinand, sous l'invocation de Notre-Dame de la Compassion.

603. Léopold Ier, Louise d'Orléans. Têtes superposées. R̸. LL. MM. le roi et la reine des Belges visitent l'hôtel des Monnaies et Médailles en novembre 1833.

République (1848).

604. Vingt francs de 1848, au génie de la loi.

605. Vingt francs de 1849, par Merley.

606. Dix francs de 1850, à la tête de rép., par Merley.

607. Pièce de vingt centimes de 1849, frappée sur or pour essai.

608. Cinq francs à l'Hercule. 1848 et 1849.

609. Cinq francs de 1849, coin Oudiné.

610. Pièce de cinq francs de 1848, essai par Barre, à la tête de la république entourée de rayons.

611. Deux francs. 1849 et 1850.

612. Franc. 1849 2 pièces.

613. Cinquante et vingt centimes. 4 pièces.

Prince Louis-Napoléon.

614. Cinq francs, 1852, sans légende sur la tranche essai.

615. Autre avec légende. 1852.

616. Pièce d'essai par Caqué, dédiée à la princesse Malthilde.

617. Au peuple français, etc. 1848.

618. Visite des Français en Angleterre, octobre 1848.

619. Louis-Napoléon Bonaparte. Achèvement des Tuileries et du Louvre, 1852.

Napoléon III, empereur.

620. Visite de LL. MM. II. à la Monnaie de Lille. 1853.

621. Visite à la Monnaie de Paris. 3 mai 1854.

622. Grande méd., par Caqué, à la tête de Napoléon III. Proclamation de l'empire à l'Hôtel-de-Ville de Paris, le 2 décembre 1852.

623. Alliance entre la France, l'Angleterre et la Turquie. 1854.

624. Exposition universelle de 1855. Méd. gravée par Alber Barre, distribuée comme prix.

Navarre.

625. *Ant. et Joan. Dei G.* Bustes en regard d'Antoine et de Jeanne d'Albert. R. *Gratia dei sumus (quo) D. sumus.* 1562. Écusson composé au 1er quartier de Navarre, au 2me et 3me de France au Lambel, et au 4me de Bearn, et accosté des lettres A.-J. couronnées. Teston.

626. *Joanna dei G. Reg. Navar D. B.* Tête à droite. R. *Gratia dei sum id quod sum.* 1565. Teston.

627. Autre, même année.

628. Autre de 1571. Variété.

629. *Henricus II D. G. Rex navarræ D. B.* Bustes en regard d'Henri et sa femme Marguerite de Valois. R.

630. *Henricus II D. G. rex navarra D.* Buste lauré à droite. R. *Gratia Dei*, etc. Quatre H couronnés posés en croix. 1581. Franc.

631. Franc au buste et aux armes. 1581.

632. Quart d'écu de 1585, aux armes.

633. *Henricus III* (sic), *D. G. rex Navarræ D. B.* Croix fleurdelisée. R. *Gratia Dei*, etc. 1589. Quart d'écu.

634. *Henricus D. G. R. Na. Be. Dux vindoce com. mar.* Écusson, au 1er quartier de Navarre, au 2me de France au Lambel, au 3me de Bearn et au 4me de Vendôme. R. *Camera computor* Exergue : *Fructu non flore caduco.* 1583. Jeton d'argent.

Principauté de Dombes.

635. *Ludo. P. Dombarum. D. Montis.* Écusson couronné aux trois fleurs-de-lys avec une bande pour brisure. ℞. *Dns. adjut. et redem. meus.* 1577. Croix à palmettes. Or. Pistole. Mantellier, pl. IV, n° 3. Variété.

636. *Ludo. P. Dombar. D. Montis.* Buste à gauche. ℞ *Denier Tournois.* 1576. Deux fleurs-de-lys, avec une bande pour brisure. Essai frappé en argent. *Ibid.*, pl. V, n° 3.

637. *L. D. Bourb. P. Dombar. D. Montis.* Buste à gauche. ℞. *Double Tournois. Ibid.*, pl. V. n° 2.

638. *Henric. P. Dombar. D. Montisp.* Tête à gauche. ℞. *Dns̄. adjutor*, etc., 1606. *Ibid.*, pl. VI, n° 1.

639. *Marie souve. de Dombes.* Tête à gauche. ℞. *Denier Tournois.* 1620. Deux fleurs-de-lys avec une bande pour brisure ; au-dessous : M. Essai du denier tournois frappé en argent.

640. *Marie Souver. de Dombes.* Tête à gauche. ℞. *Double Tournois.* 1627. Trois fleurs-de-lys avec brisure. *Ibid.*, pl. VII, n° 3.

641. *Marie Souver. D. Dombes. D. D. Montpensier.* Écusson en losange, aux trois fleurs-de-lys, avec brisure, entouré de cordelières. ℞. *In manibus tuis sortes meæ.* Dans le champ un lys. Exerg. 1814. Jeton d'argent, très-rare.

642. *An. ma. Lor. princ. souv. de Dom.* Tête à droite. ℞. *Dns.* etc. Écusson accosté de la date 16-64. 5 sols. *Ibid.*, pl. XI, n° 4.

643. *An. Ma. Lud. prin. supre. Domba.* Tête à droite, avec le collier. ℞. *Dominus adjutor* (A) *et rede. meus.* 1673. Écusson aux armes d'Orléans, couronne fleurdelisée. Demi-écu blanc. *Ibid.*, pl. X, n° 9.

François de Bourbon, prince de Conti,

SOUVERAIN DE CHATEAU-RENARD.

644. *Fr. Bourb. Lud. Margareta Lot.* Buste à droite. ℞. *In omn. ter. sonus vor.* Écusson couronné aux armes de France et de Lorraine. Duby.

Lorraine.

645. *Henri de Lor. Duc de Guise.* Buste lauré et cuirassé à
droite. ℞. *Franciscus dux Guisius.* Buste cuirassé à droite.
Argent.

646. *Carolus IIII D. g. Lot. et B. Dux.* Buste à droite. ℞.
Moneta nova Nancei cusa. 1669. Ecusson couronné.
Teston. De Saulcy, pl. XXVIII, fig. 2.

647. *Carolus IIII,* etc. Demi-teston aux mêmes types et même
année que le teston précéd. *Ibid.*, pl XXVIII, n° 3.

648. *Carolu. V. Lotharing. et Barr. Dux.* Buste cuirassé à
droite. Dans le champ, un casque et un bâton de com-
mandement (probablement envoyés par le pape aux
princes qui avaient combattu contre les infidèles). ℞.
Quomodo cecidisti de Cœlo. Sujet allégorique. Méd. d'arg.
pesant 62 grammes.

649. *Car. V. D. G. Loth. et Barr* (sic) *Dux. S. C. M. gene-
ralis.* Buste cuirassé à droite, avec le collier de la Toison
d'or. ℞. *Surget nostris ex ossibus ultor.* Phénix sur un bû-
cher formé d'un trophée d'armes. Exerg. *Ob Welsi
apr. A.* 1690 *æt.* 47. Sur la tranche : *Terra vale Cœlum
largitur mille triumphos.*

650. *Leop. I. D. G. D. Ba. rex. ge. E. C. Aurelianensis.*
Têtes accolées de Léopold et d'Elisabeth-Charlotte d'Or-
léans. ℞. *Vix natus jam corda rapit.* Cupidon. Exerg. :
L. P. Loth. nat. XXVIII *janu.* MDCCIIII. arg.

651 *Leop. I. D. G. D. Lot. Ba. rex. ger.* Buste à dr. ℞. *In
te Domine speravi.* 1713. Croix potencée, surmontée de
la couronne royale. Teston. Ibid., pl. XXX, fig. 7,

652. Teston de 1716 ; au ℞. l'écusson couronné, dit à la croix
de Jérusalem. Ibid. ,pl. 31, fig. I.

653. *Leopoldus I. D. G. D. lot. Bar. rex ie.* Tête à droite. ℞.
In te, etc. 1719. Ecusson couronné aux alérions de Lorraine. Demi-écu. Ibid., pl. XXXI, fig. 9.

654. *Leop. I. D. G. D. Lot. Bar. rex. ier.* Tête a d. ℞. *In te* etc. 1725. Écusson couronné aux armes complètes. Demi-écu. Ibid., pl. XXXII, fig. 5.

655. Jetons de Son Altesse Royale de Loraine (sic). 1708. ℞. Croix de Lorraine couronnée. Cuivre.

656. *Elis. Car. Aur. Leop. I. Lot. Bar. D. aug. supr. prin. Commarcii.* Buste à droite, orné d'un collier. *S. Urb.* saint Urbin. ℞. *Gloria Commarcii.* Écusson de Lorraine et d'Orléans accostés, entourés de cordelières. Exergue : *Accepto a principat. Commarc. fidel. sacr.* 1737. Jeton d'argent.

657. *Leopoldus I. D. G. Dux Lot. Bar. rex. ier.* Buste cuirassé à dr., orné du collier de la Toison d'Or. Sous le bras : *S. U* ℞. *Providentia principis.* Exerg. : *Viæmunitæ.* 1727. Méd. en bronze doré.

658. *Carl. Alex. Loth. Dux. acad. R. Antuerp. prot.* Buste cuirassé à gauche. ℞. *Academia regia picturae et sculpturae.* Écusson couronné aux armes de la ville d'Anvers.

659. *Carolina princeps. Lothar et Barri, etc. nata die* XVII *maii.* MDCCXIV. Buste à dr. ℞. *Patria utrique suum.* Tombeau. 1773.

660. *Stanislas I. D. G. rex Pol. mag. Dux Lit. Loth. et Bar.* Tête à gauche. Au-dessous : A. M. S. U. ℞. *Utriusque immortalitati.* Statue pedestre Exerg. : *Civitas nanciiana.* MDCCLV. Arg.

661. Jeton d'arg. au buste du roi Stanislas. Société royale des sciences de Nancy. 1753.

Ducs de Bouillon.

662. *Henricus. de. la. Tour. dux Bullionaeus.* Aigle éployé. 1613. XXX. ℞. *Supremus princeps Sedanensis.* Duby, pl. XL, n° 8.

663. Jeton octogone en argent de 1788, au buste de Godefroi III, duc de Bouillon.

664. Henri, duc de Bouillon, 1644. Cuivre.

665. *Stat. fortibus, alta. Columnis.* Tour au milieu des flots.
℞. Laurier aux branches duquel est suspendu un écusson. Jet. arg.

Ducs de Nevers.

666. *Carolus Gonzaga Dux Nivern. et Reth.* Aigle éployé ;
au-dessous XXX (30 sols). 1611. ℞. *Supremus princeps
Archensis.* Écusson.

667. Jeton d'argent de 1688 , aux armes de Louis de Gonza-
gue et de sa femme, Henriette de Clèves.

Princes de la maison de Bourbon.

668. *Philipp. Aurelian. dux regens.* Buste de face. ℞. Eliz.
Char. Pal. Rhe. Duciss. Aurel. Buste de face. Gravée
par Rog.

669. Méd. en bronze, les reliefs dorés, de Louise-Adélaïde,
fille du Régent, abbesse de Chelles.

670. Méd. en bronze d'Elizabeth Carl., duchesse d'Orléans,
gravée par Saint-Urbin.

671. Jeton d'arg. à la tête laurée de Louis XV et aux armes
du duc d'Orléans, grand - maître de l'ordre de Saint-Lazare.

672. Méd. en bronze au buste de Louis, duc d'Orléans, pour
l'académie de Villefranche, en Beaujolais, 1742.

673. Méd. en bronze de Louis - Philippe - Joseph d'Orléans,
duc de Chartres. 1753.

674. Autre, au ℞. *Principi carissimo.* 1780. Un Temple. Arg.

675. Louis-Philippe, duc d'Orléans. Buste habillé à g. ℞. lisse.
Bronze.

675 bis. Philippe-Joseph Égalité, etc. Buste à gauche. ℞. *De
sa montagne enfin,* etc. Méd. d'arg. gravée par Loos, et
frappée en Allemagne.

677. Grande méd. en bronze de Louis-Philippe, duc d'Orléans. Buste à dr. ℞. *Né à Paris, le 6 oct.* 1773. Gravée
par Dieudonné.

678. Ferdinand, duc d'Orléans. Buste à g. ℞. *Jamais douleur ne fut plus sincère.* La Belgique qui dépose une couronne d'immortelles sur le cercueil du prince. Exerg. : *Chambres législatives de Belgique.* 6 août 1842. Méd. en bronze, gravée par Hart.

679. Loi du 30 août 1842, sur la régence. Têtes superposées du comte de Paris et du duc de Nemours. Bronze.

680. *Lud. Dux Borbonius Princeps Condaeus.* Buste cuirassé à droite. ℞. *Non omnis dextera solvat.* Exerg. : 1660. Magnifique méd. d'arg. d'un très-grand module.

681. Louis de Bourbon. Buste cuirassé du grand Condé. ℞. Prince de Condé. M. 1687. Guerrier assis, tenant une victoire. Arg., pet. mod.

682. Autre, gravée par Dassier.

683. Grande méd. d'arg. à la tête du comte de Toulouse, gravée par Gayrard et frappée en 1828.

684. Méd. en bronze de Louis Henri, duc de Bourbon, régent. 1724.

685. *Fran. et Ma. D. G. R. R. Scotor. Delphin. Vien.* Bustes en regard de François de Valois et de Marie Stuart ; ℞. *Fecit. utraque, unum.* 1558. Écusson couronné de France et d'Écosse, accosté des lettres F. M. couronnées. Restitution. Cuivre.

686. *Ludovicus rex Christianiss.* Buste lauré à gauche. ℞. *Sic conteret hostes.* 1617. Bronze.

687. Grande méd. en bronze de Louis XIV, gravée par A. Benoist ; au ℞, les signes du zodiaque.

688. *Lud. Delphinus. Lud. Mag. filius.* Buste à dr. ℞. *Mar. Ann. christ. Vict. Lud. Delph. conjux.* Buste à dr. Bronze. Restitution.

689. *Philippus. Franc. filius. Lug. Mag. fra. unic.* Buste à dr., au-dessous : Warin. ℞. *Alter post fulmina Terror.* Bombe qui éclate sur une ville.

690. Grande méd. en bronze aux bustes accolés de Louis XVI et Marie-Antoinette, frappée en 1782, à l'occasion des fêtes données à l'Hôtel-de-Ville de Paris.

691. Louis, roi et frère bienfaisant. Buste à dr. ℞. Hommage de tendresse et de reconnaissance. Mines d'Allemont. Bronze.

692. Pont de Louis XVI. 1780. Bronze.

693. Établissement de la mairie de Paris. Bronze.

694. Louis XVI, restaurateur de la liberté française. ℞. Abandon de tous les priviléges. Br.

695. Arrivée du roi à Paris, le 6 octobre 1789.

696. Charles-Philippe, comte d'Artois. Buste à g. Sous ce buste, P. Montagni F. ℞. lisse. Br.

697. Méd. du comte d'Artois. Au ℞. : Rien n'est changé en France ; il n'y a qu'un Français de plus. Br.

698. Louis-Ant., duc d'Angoulême. ℞. Pont Saint-Esprit.

699. Mort du duc de Berry. Br.

700. Autre d'un plus pet. mod. Br.

701. Méd. au buste de la duchesse de Berry, frappée en 1816 à l'occasion de son mariage. Br.

702. Napoléon I. ℞. Descente en Angleterre. Frappée à Londres en 1804. Sur la tranche : From the french medal copied. Br.

703. Napoléon. Prise de Vienne et de Presbourg. Br.

704. Napoléon. Abdication. 11 avril 1814. Br.

Médailles diverses.

705. Julius. St. Rom. Ecl. Card. Mazarinus. Buste de face. Repoussé arg.

706. Julius Cardinalis Mazarinus. Buste à g. ℞. Casalt. 1630. Deux armées en présence. Arg.

707. Julius Cardinalis Mazarinus. Buste à dr. ℞. Firmando firmior. haeret. Dans le champ, une ancre. 1660. Arg.

708. Méd. d'arg. au buste de Fénelon, arch. de Cambrai, et au ℞. celui de Jansenius, évêque d'Ypres.

709. Petite méd., au buste du cardinal Dubois, frappée à l'occasion de sa mort. 1723. Très-rare.

710. Grande méd. en argent, gravée par J.-C. Roettiers, au buste, à droite, du cardinal de Fleury. 1731.

711. Autre, du même cardinal, au buste, de face, gravée par Dassier et frappée en 1736. Arg.

712. Méd. au buste, de face, du card. de Talleyrand Périgord, archevêque de Paris. Arg.

713. Méd. au buste, de face, de Mgr de Quélen, arch. de Paris. ℞. lisse. Arg.

714. Méd. d'arg. du père La Chaise, confesseur du roi. 1690. Arg. Très-rare.

715. Paschasius Quesnel, etc. Buste à dr. Arg.

716. Méd. en bronze aux armes de Jean-François de Gondy, premier archevêque de Paris. 1627.

717. Antoine de la Porte, chanoine de l'Eglise de Paris. Buste à gauche. ℞. Un olivier. 1710. Arg.

718. Michel Letellier, chancelier de France. Buste à droite. 1679. Arg.

720. Fr.-M. Letellier, M. de Louvois. Buste de face. Arg.

721. Jacques Necker, Génevois, etc. Buste à gauche. ℞. Vœu public satisfait. Gr. par Duvivier. Arg. et br. 2 p.

722. A. S. Exc. Mr le comte Corvetto, ministre des finances, les fonctionnaires des monnaies. 1817.

723. A. S. Exc. M. Roy, ministre secr. d'État, l'administration générale des monnaies. 1820.

724. Méd. d'arg. de Jacques Laffitte, gravée par Rogat. 1844.

725. Henri de la Tour d'Auvergne, princ. vic. de Turenne. Buste cuirassé à droite. ℞. Non lauri mille tuentur. Chêne foudroyé. Exerg. MDLLXXXIII. Arg.

726. La même que ci-dessus, en br.

727. Honneurs rendus à Turenne par le gouvernement. Buste à gauche. ℞. Translation du corps de Turenne au temple de Mars, etc. Arg. Méd. gravée par H. Auguste.

728. Tombeau du maréchal de Saxe déposé dans le temple de Saint-Thomas, à Strasbourg. 1774. Méd. d'arg.

729. Méd. en bronze ; les reliefs dorés, à gauche, de Maurice de Saxe, maréchal de France. 1747.

730. Méd. d'arg. des maréchaux de Luxembourg et de Turenne, gravée par Dassier. Arg.

731. Pondere valet honestum. Le marquis de Vaubecourt, debout, tenant les balances. ℞. Recto. Modesto. duci. Vaubecourt. civ. Clausthal. Arg. Très-rare.

732. Marq. de La Fayette. Buste à gauche. Exerg. Offert par Duvivier à la garde nationale, 1789. Arg.

733. Le général La Fayette né, etc. Buste à droite. ℞ Objet tour à tour, etc. Arg.

734. La Fayette, etc. Tête à gauche, gravée par Pingret. 1830.

735. Alex. Beauharnais, général en chef, etc. Buste à gauche. Arg.

736. Le général Desaix, par Liénard. Arg.

737. Le général Kléber, aussi par Liénard. Arg.

738. Le général Brune. Buste à gauche. Au-dessous : anno IX. ℞. Helvetico. Batavo. cenomano, etc. Méd. d'arg. frappée à Vérone, gravée par Salvireh.

739. Méd. à la tête du Mar. Mortier, duc de Trévise. Arg.

740. Méd. en bronze, au buste du duc de Raguse. 1836.

741. Méd. d'arg., au buste de Lavoisier, gravée par Dupré.

742. Le Démosthène français. Tête laurée de Mirabeau, gravée par Galle. Arg.

743. Mar.-Anne-Charlotte Cordet (sic) d'Armand. Buste à droite. ℞. Bien méritée. Br. doré.

744. J.-J.-Regis Cambacérès. Buste à gauche. Arg.

745. Méd. d'arg. à la tête du duc de Blacas. 1841.

746. Mehemet Ali-Pacha. Buste de face. Arg. Frappée à Londres, en 1840.

747. Jules Hardouin Mansart. Buste à gauche. 1702. Arg.

748. Guillon Lethière, direct. de l'Acad. roy. de France à Rome. 1815. ℞. Villa Médicis. Gr. par Brandt. J.-B. Regnault, peintre. 1812. Arg. 2 méd.

749. Joseph Haydn. Buste à gauche. Gravée par Gatteaux.
 Arg.
750. Joséphine Fodor, artiste lyrique. Ar. Frappée à Vienne.
751. Garnerin, aéronaute. Gravée par Loos. 1803.

Méd. maçonniques.

752. Liberté, Paix, Egalité. Exerg. 5793. Arg.
753. S. A. S. le prince Cambacérès, etc. 5806.
754. Buste à gauche du prince Cambacérès, 5807. Arg.
755. Deux méd. Tête à gauche. 1820 et 1821. Arg.
756. Fᵉ Armandus. Joa. Ab. De Trappa. Buste à droite. 1693.
 Br.
757. Le duc Pierre, premier abbé. Buste casqué à gauche.
 ℞. Donnée par le marquis de Locmaria, abbé. 1755.
 Méd. triangulaire. Cuivre.
758. Nicolaus Potier, senatus princeps. Buste à gauche.
 1687. Bronze.
759. Hippolyte Clairon de La Tude. Buste lauré à droite. ℞.
 L'Amitié et Melpomène ont fait frapper cette médaille
 en 1764. Br.
760. De Suffren Saint-Tropez, chev. des ord. du roi, etc. ℞.
 Le Cap protégé, Trinquemarle pris, etc. 1784. Br.
761. Voltaire né, etc. Buste à droite. 1770. Br.
762. J.-J. Rousseau, citoyen de Genève, etc.
763. Siége de la Bastille ; arrivée du roi à Paris.
764. Confédération des Français. Cuivre doré.
765. Pacte fédératif, par Dupré. Cuivre doré.
766. Monneron frères, etc. 1791.
 — Monneron frères, etc. 1792.
767. Hommage aux soutiens de la liberté naissante. Exerg.
 Présenté par l'auteur à la municipalité de Marseille, l'an
 1790. Arg.
768. Robespierre jeune, représentant du peuple. Buste à
 gauche. ℞. Robespierre jeune au camp devant Toulon.
 Méd. ovale en plomb.

769. République française. Loterie nationale. Cuivre.
770. Brune, Jourdan, Augereau et Berthier. 4 Br.
771. Rouget de l'Isle, par Rogat, 1833. Br.
772. Représentants du Peuple, etc. 29 avril 1848.
773. Les libéraux belges à Eugène Sue. 1845.

Sceaux.

774. Marie, par la grâce, etc. Grand sceau. Br.
775. Marie-Antoinette d'Autriche, reine de France. 1774. Br.
776. Napoléon, empereur des Français. Gravé par Brenet. Plomb.
777. Louis XVIII, 1815. Gravé par N. Tiolier. Plomb.
778. Petit scel du même roi. Pl.
779. Char.-Phil., fils de France, comte d'Artois, colonel général des Suisses et Grisons. 1773. Pl.
780. Philippe d'Orléans, petit-fils de France, duc d'Orléans, de Valois, Chartres, etc. 1701. Plomb. Lou.-Phil., duc d'Orléans, Valois, Chartres, Nemours et Montpensier, comte de Soissons et de Vermandois, prince de Joinville, pair d'Avesnes. 1782. Pl.
781. Louis-Alexandre de Bourbon, comte de Toulouse. Grande médaille en bronze. ℞. lisse.

Jetons des Princes français.

782. Léonor d'Orléans, duc de Longueville. 1570. Arg.
783. Louis de Bourbon, comte de Soissons, gouverneur du Dauphiné. 1631. Arg.
784. César, duc de Vandosme. Buste à droite. ℞. Sed sine labe. 1647. Arg.
785. François de Vandosme, duc de Beaufort. Buste à droite. 1669. Arg.
786. Lovis, comte de Vermandois, admiral de Fran. Tête à droite. 1670. Arg.
787. Lovis, comte de Vermandois, etc. Tête. 1673. Arg.
788. Henricus Borbonius princeps Condæus. Cuivre.

789. Louis-Alex. de Bourbon, comte de Toulouse. 1687. Arg.

790. Autre, du même prince. Année 1700. Arg.

791. Louis-Aug. de Bourbon, duc du Mayne. 1700. Cuivre.

792. Louis-Aug. de Bourbon, duc du Mayne. 1704. Arg.

793. Méd. de l'ordre de la Mouche à miel, à la tête de la duchesse du Maine. Arg. Restitution.

794. Louis, duc de Vendosme, général, etc. R̸. Galères. 1705. Cuivre.

795. Autre, du même prince. 1706. Arg.

796. Comte de Toulouse. Marine. 1707. Arg.

797. Autre, du même prince. Marine. 1710. Arg.

798. Louis, duc de Vendosme, etc. Galères. 1711. Cuivre

799. Louis, duc du Maine. Artillerie. 1712. Arg.

800. Le chevalier d'Orléans, général des galères. Écusson. R̸. Galères. 1719.

801. Louis d'Orléans, duc de Chartres, grand-maître de l'ordre du Mont-Carmel, etc. 1721. Cuivre.

802. Louis, duc d'Orléans, grand-maître. 1722. Cuivre.

803. Louis, duc du Maine. Artillerie. 1730. Arg.

804. Jeton de S. A. S. Mademoiselle de Sens. 1731. Cuivre.

805. Duc du Maine. Artillerie. 1732. Arg.

806. Autre, du même prince. 1734. Arg.

807. Louis, comte d'Eu, etc. Artillerie. 1737. Arg.

808. Le Chevalier d'Orléans, général de galères, 1744. Cuivre.

809. Jeton de Madame la Dauphine. 1745. Octogone. Cuivre jaune.

810. Comte d'Eu. Artillerie. 1748. Arg. 1752. Cuivre.

811. Ant. duc de Berry, fils de France, grand-maître. 1757. Arg. (Louis, duc de Berry, depuis Louis XVI).

812. L.-J.-M. de Bourbon, D. de Penthièvre, etc. Marine. 1757. Arg.

813. Louis XV et Marie Leczinska. Bustes accolés. R̸. Hoc erat in votis. Com. occit. 17-30. Arg.

815. Lud. rex, etc. ℞. Académie royale de marine. 1769.
Arg.

816. Ludovicus, etc. Ponts et Chaussées. 1772. Arg.

817. Eaux et forêts de Fr. 1743. Arg.

818. Plutôt mourir que d'abandonner la vertu. Deux LL et
un V entrelacés surmontés de la couronne royale. Arg.

Médailles et Jetons concernant la ville de Paris
(Prévôts des marchands).

819. Martin de Bragelogne. 1603. Arg.

820. Jacques Sangevin. 1609.

821. Antoine Bouchet. 1617.

822. Henri de Mesme. 1621.

823. Nicolas de Bailleul. 1627.

824. *Ludovic. XIII. D. G. Francorum et Navara rex.* Buste
lauré à droite. ℞. *De La 3 Pᵉ De Mʳᵉ N. De Bailleul,
présidᵗ au parlem.* 1628. Armes de la ville de Paris. Arg.
Ce jeton, très-rare, a été frappé à l'occasion des nou-
veaux bâtiments du collége de Clermont, depuis de
Louis-le-Grand.

825. Jérôme Le Feron. 1648. Arg.

826. Antoine Le Febure. 1651. Arg.

827. Alexandre de Sève. 1661. Arg.

828. Mᵉ Voysin. 1667. Cuivre.

829. Claude le Peltier. 1672 et 1676. Arg.

830. Auguste Robert de Pomereux. 1680 et 1683. Arg.

831. De Fourcy. 1687 et 1689. Arg.

832. Claude Bose. 1699. Arg.

833. Charles Boucher d'Orsai. 1701. Arg.

834. Jérôme Bignon. 1709. Arg.

835. Nicolas Lambert. 1725. Arg.

836. De la Prévôté de Michel-Etienne Turgot. Arg.

837. De la III. Prévôté de Michel-Etienne Turgot. 1736.
Arg.

838. Félix-Aubry de Vastan. 1740. Arg.

839. Louis-Bazile de Barnage. 1754. Arg.

840. Camus de Pontcarré. 1758. Cuivre.

841. Camus de Pontcarré. 1763. Arg.

842. Armand-Jérôme Bignon. 1767. Arg.

844. J.-B.-François de la Michodière. 1773. Arg.

845. Le Fèvre de Caumartin. 1782.

846. Jean Rousseau, échevin. 1656. Arg.

847. Louis XV. roy très chrétien. Buste lauré et cuirassé à droite. Cette médaille a été donnée aux couples dotés par la ville de Paris, en 1751, à l'occasion de la naissance du duc de Bourgogne. Arg.

848. Mᴿ Daminois, doyen des commissaires au Châtelet de Paris. 1749. Arg.

849. Du Doyenné de M. Girard. 1772. Arg.

850. Du Doyenné de M. Mouricault. 1779. Arg.

851. Jean-Armand Mauvillain, doyen de la Faculté de Médecine de Paris. 1668. Arg.

852. Gui Crésent Fagon, médecin de Louis XIV. 1696. Arg.

853. Le Thieullier, doyen de la faculté, 1770. AR.

854. Edm. Cl. Bourru, doyen, 1787. AR.

855. Docteur Guillotin, 1807-08. AR.

856. Xavier Bicat, 1807.

857. Antoine Portal, 1809-10. AR.

858. Itque Docetque viam. Saint-Jacques Exerg., 1703. AR.

859. Prix de l'Université fondé par M. le maréchal duc de Mailly, 17-78. AR.

860. *Lud. XV. rex Christianiss.* Tête laurée à dr. ℞. *Conventus Cleri Gallicani extra ordinem habitus. Lut. Parisior.* ᴍᴅᴄᴄʟᴠɪɪɪ. AR.

861. *Lud. XVI. rex.* etc. Buste à gauche. ℞. *Jurez Vendeurs. Cont. de volaille.* AR.

862. Demachaut, lieutenant de police de Paris, 1719. Cuivre.

863. Réné Hérault, lieutenant de police à Paris, 1726. Cuivre.

864. Lenoir, lieutenant de police, 1774. Cuivre.

865. Silvain Bailly, maire de Paris. AR. et BR.

866. A.-M. Molière et Marie-Elisabeth Véron. Bustes accolés
à dr. Méd. frappée en mémoire du cinquantième anni-
versaire de leur mariage, 1784. AR.

867. Asylia emigrantium Gallorum. Hémisphère. ℞. Protec-
toribus. Une colonne, 1772.

Provinces et villes de France

ANGERS.

868. P. De Donatien, lieutenant de roy en Anjou. Écusson
entouré du collier de Saint-Michel, 1600. AR.

869. G.-F. Poulain, sieur de la Guerche, maire d'Angers,
1737. AR.

870. Jacq.-Fr. Gourreau, sieur de l'Epinay, maire, 1758.

871. Charles Gaudicher, maire, 1763. AR.

872. Lud. Stan. Xaver. Dux Andegav. Buste à gauche.

873. ℞. Charles-Félix Claveau, maire 1789. AR.

874. Lud. Stan. Xaver. etc. Buste à gauche. ℞. Mairie d'Angers. Armes de la ville. AR.

875. Ject. de la chambre des comptes de Bar. Ecusson du
duché de Bar. ℞. De l'intend. de M. Colbert etc. 16-58.
Ecusson. Cuivre très-beau.

876. Société des fêtes de charité de Bordeaux. Méd. AR.

877. Leo de Gesvres. P. P. arch. Bitur, 1694. Cuivre.

878. Louis Alabat Iᵉʳ de Vazaux, maire de la ville de
Bourges, 1733. Armes de la ville. ℞. Jérôme Phély-
peaux, comte de Pontchartrain et H.-A.-R.- de l'Aubé-
pine, marquis de Chateauneuf sur Chez. Deux écussons
entourés des ordres du roi. Méd en bronze.

879. Geor. Lud. Phelypeaux. P. P. arch. Bitur. Buste à dr.
℞. Ecusson, 17-57. Cuivre.

880. Andoche Pernot, abbé de Citeaux. Armes. ℞. Armes
des Etats de Bourgogne, 1746. AR.

881. Ecusson ayant une crosse et une mitre en sautoir ℞.
Comitia Burgundiae, 1755. Armes. AR.

882. Jeton des états de Bretagne, 1744. AR.

883. Autre, à la tête de Louis XVI, 1774. AR.

884. Ecusson des Chabot-Rohan. R/. *Potius mori quam fœdari.* Dans le champ, une hermine. Très-joli jeton d'AR.

885. Jean Joly, maire de Dijon, 1681. Armes, 1681. AR.

886. Jean-Pierre Burteur, maire de Dijon, 1733. AR.

887. *Alph. Ar. Lug. Mag. fr. eleemosinarius.* Ecusson des Richelieu. R/. *Intelligit super egenum.* Le cardinal debout, la main appuyée sur une table. Exerg. Cam. hosp. 1635. AR. Rare.

888. Marc-Antoine Chappe. Echevin de la ville de Lyon, 1742. AR.

889. Méd. d'ar. frappée à Lyon en 1784, à l'occasion de l'ascension du ballon le « De Flesselles, » monté par Montgolfier, etc.

890. *Lege duce comite Justicia.* Mercié à Lyon. AR.

891. Metz. Ecu de 1641 au buste de saint Étienne.

892. *Henric. Borbonius episc. met. s.* Ecusson de France avec brisure. Ce joli jeton frappé en 1620 appartient à Henri de Bourbon, fils légitimé du roi Henri IV. AR.

893. Mellier (Gérard), maire de Nantes, 1721. AR.

894. Verdier, maire de Nantes, 1732. AR.

895. De la Haye Mauricaud, maire de Nantes, 1739.

896. Arquebusiers de Reims, 1707. Cuivre.

897. Arm. Jul. Pr. de Rohan, arch. de Reims. Buste à gauche. R/. Camera Cleri remensis, 1757. AR.

898. Card. Ant. de la Roche-Aimond, arch. de Reims. Buste à dr. R/. *Camera* ect, 1767. AR.

899. Ch. f. f. Duc de Luxembourg, gouverneur de Normandie. Ecusson. R/. *Civitas populus que Rothomagensis.* AR. Très-beau.

900. Dominique de La Rochefoucault, arch de Rouen, 1778. Jeton octogone en argent.

901. Autre, aussi octogone ; l'écusson orné du collier du Saint-Esprit. AR.

902. Carol. D. G. card. Loth. Ep. argent. et. Met. Buste à
gauche, 1605. ℞. Alsas. Langra. Écussons d'Alsace et de
Lorraine surmontés du chapeau de cardinal. Teston.

903. Ecu méd. de 1679, ayant d'un côté l'arche de Noé,
frappé à Strasbourg pour la paix de Nimègues. AR.

904. Jeton octogone au buste et aux armes de Louis Const.
évêque de Strasbourg. AR.

905. *Lud. Const. D. G. Ep. s et Pps. argenti. Lan. Al.* Buste
à dr. Ecu de 1760, d'une très-belle conservation. Rister,
nº 4809.

906. Sixième et douzième de l'écu précédent, 1759.

907. Demi-Constantin d'or, au buste et aux armes du même
prélat, 1759.

908. Pièces de 20 et de 5 kreutzers, de 1773 aux armes du
même prélat.

910. Jeton exagone de 1781 en argent, frappé en mémoire
du jubilé séculaire de la réunion de Strasbourg à la
France.

911. Naissance du dauphin Louis Joseph, 1781. AR.

912. Jeton octogone de 1792, aux armes de la maison de
Rohan. AR.

913. Jeton en cuivre des princes de Rohan.

914. Jeton d'argent de 1754, au buste de Clémence Isaure,
fondatrice à Toulouse de jeux floraux. AR.

915. Rétablissement du parlement de Toulouse, 1775. AR.

Jetons d'argent.

916. Pierre Bureau, seigneur de Montglat, trésorier de
France, 1489. ℞. Un K couronné. AR. Très-beau.

917. Jacques Hurault, trésorier sous le roi Louis, douzième
de ce nom. AR. Très-beau.

918. Gectoirs du Burreau des finances; de champ un M et
quatre marguerites. ℞. Omnia numero, pondere et men-
sura. Balances et compas, 1561. Très-joli cuivre.

919. Augustin de Thou. Armes.

920. Bragelongue, conseiller au parlement, 1580.

921. Ant. Ruzé, marq. d'Effiat, père de *Cinq-Mars*, 1631.

922. Nicolas Pâris, conseiller au parlement, 1633.

923. Armand-Jean Duplessis, cardinal de Richelieu, 1631. Armes.

924. *Armand Jo. Car. Dux de Richelieu.* Buste à dr. ℞. *Hoc duce tuta.* Un vaisseau, 17-34.

925. Autre, aux armes du même cardinal. ℞. Un pélican, 1636.

926. Autre, représentant le vaisseau de l'Etat ancré, à l'écusson et aux armes de Richelieu, 1641.

927. Autre, de 1643 (posthume), au buste du cardinal ayant au ℞. un lion couché, harcelé par des chiens.

928. Mad. de Bullion, veuve du surintendant des mines de France, 1643.

929. Armand de Maielé, duc de Brezé, 1646.

930. Bernard de la Valette, duc d'Epernon et de Candalle, 1648.

931. Nicolas Jeannin de Castille, 1648.

932. Maréchal duc de Vivonne, 1687.

933. Nicolas, duc de Villeroy. Buste et armes. 1678.

934. Anne, duc de Noailles. Buste et armes, 1694.

935. Maréchal duc de Humières, grand-maître de l'artillerie, 1694.

936. Noble-Léonard-Francois de Chevrier de Saint-Mauris, grand prieur d'Aquitaine (dans l'ordre de Malte).

937. P. Martel Ché, seigneur de Chambine et de Élisabeth Magd. Fr. Lilosphy Marouy.

938. Marc-René Voyer d'Argenson, premier marguiller de l'église de Saint-Gervais de Paris.

939. Le comte de Lautrec. Buste et armes, 1738.

940. Le marquis de Bonnac, ambassadeur du roy en Hollande, 1751. Ecusson entouré de l'ordre de Saint-André de Russie. Jeton octogone.

941. Maréchal duc de Belle-Isle. Buste, 1760.

www.ingramcontent.com/pod-product-compliance
Ingram Content Group UK Ltd.
Pitfield, Milton Keynes, MK11 3LW, UK
UKHW031759170726
13836UKWH00003B/1070